Haeske · Beschwerden und Reklamationen managen

W0012023

Konzept und Beratung der Reihe Beltz Weiterbildung:

Prof. Dr. *Karlheinz A. Geißler*, Schlechinger Weg 13, D-81669 München.
Prof. Dr. *Bernd Weidenmann*, Weidmoosweg 5, D-83626 Valley.

Udo Haeske

Beschwerden und Reklamationen managen

Kritische Kunden sind gute Kunden!

Beltz Verlag · Weinheim und Basel

Udo Haeske, Jg. 1967, Diplompsychologe, EMBECO DEVELOPMENT, ist ausgebildeter Gruppendynamiker und arbeitet seit vielen Jahren als freiberuflicher Trainer und Berater.
Kontakt: www.embeco.de.

Alle Rechte, insbesondere das Recht der Vervielfältigung und Verbreitung sowie der Übersetzung, vorbehalten. Kein Teil des Werkes darf in irgendeiner Form (durch Fotokopie, Mikrofilm oder ein anderes Verfahren) ohne schriftliche Genehmigung des Verlages reproduziert oder unter Verwendung elektronischer Systeme verarbeitet, vervielfältigt oder verbreitet werden.

Gesetzt nach den neuen Rechtschreibregeln
Lektorat: Ingeborg Sachsenmeier

© 2001 Beltz Verlag · Weinheim und Basel
http://www.beltz.de
Herstellung: Ute Jöst, Publikations-Service, Birkenau
Satz: Satz- und Reprotechnik GmbH, Hemsbach
Druck: Druckhaus Beltz, Hemsbach
Umschlaggestaltung: Bernhard Zerwann, Bad Dürkheim

ISBN 3-407-36373-7

Inhaltsverzeichnis

Vorwort

Es ist sehr unwahrscheinlich, dass Sie ausschließlich zufriedene Kunden haben. Wahrscheinlicher ist, dass Sie kaum Beschwerden zu hören bekommen, weil Ihre Kunden vielleicht lieber keine Beanstandungen äußern, oder dass Sie davon ausgehen, dass bei Ihnen alles bestens läuft, weil Sie nur hin und wieder mal ganz ganz ausnahmsweise mit einem etwas schwierigen Kunden zu tun haben. Einige ernüchternde Tatsachen rund um das Thema werden Ihnen zeigen, wie sehr es sich lohnt, seine Kompetenz im Umgang mit Beschwerden zu verbessern. Sicher wird dies Ihre Vorstellungen zum Thema Beschwerde- und Reklamationsbearbeitung erweitern. Und vielleicht wird das Ihre Neugier noch steigern, genau zu erfahren, wie Sie bei der Bearbeitung von Beschwerden vorgehen können und wie Sie Ihr Beschwerdemanagement möglichst gut organisieren. Dieser Neugier soll das Buch gerecht werden. Ich habe praxiserprobte Tipps und Anregungen zusammengestellt, möglichst konkret und vollständig, damit Sie sie auch wirklich an Ihrem Arbeitsplatz einsetzen können. Beim Umsetzen der Anregungen wünsche ich Ihnen Gewinn und Erfolg.

Dieses Buch ist ein Gemeinschaftswerk, das aus den Ideen und Einflüssen vieler entstanden ist, auch wenn letztlich nur ein Autor genannt ist. Es beginnt bei den vielen Seminarteilnehmern, die mich in meinen Trainings an Ihren Erfahrungen teilhaben lassen und bestätigen, was in der Praxis funktioniert. Dafür danke ich. Aber auch den vielen Autoren und Unternehmen, deren Ideen mich in meiner Arbeit inspiriert haben, fühle ich mich verpflichtet. Mit großem Respekt habe ich festgestellt, vor wie viel Jahren einige sich mit dem Thema beschäftigten, lange bevor es »modern« wurde.

Ganz besonders danke ich einigen Personen, die mir während des Schreibens eine große Unterstützung waren. Allen voran Ingeborg Sachsenmeier, die das Buch initiiert, betreut und lektoriert hat, Sandra Ritter, für die durchdachten Anregungen und Ingrid Tröstrum für viele der Bürosprüche, mit denen das Buch garniert wurde.

Bielefeld, September 2000   Udo Haeske

Sie sollten dieses Buch kaufen, aber …

… bevor Sie sich entscheiden, sollten Sie sich vergewissern, ob es Antworten auf Ihre Fragen zum Thema bietet. Ich habe daher eine Checkliste zusammengestellt, die Ihnen helfen soll, die richtige Entscheidung zu treffen.

Frage	Lautet Ihre Antwort »Ja«? Dann werfen Sie einen Blick in …
Wollen Sie sich einen Überblick verschaffen?	Kapitel 1: Auf Seite 15 können Sie testen, was Sie über Beschwerden bereits wissen.
Möchten Sie lernen, wie man Beschwerden gezielt aufnimmt?	Kapitel 2: Auf Seite 28 erhalten Sie einen Überblick über die Daten, die Sie aufnehmen sollten.
Interessiert es Sie, wie man Beschwerden analysieren kann?	Kapitel 2: Ab Seite 31 können Sie nachlesen, wie man Beschwerden analysiert.
Möchten Sie typische Probleme vermeiden, um Beschwerden zu minimieren?	Kapitel 2: Auf Seite 41 erhalten Sie eine Übersicht, was Sie beachten sollten.
Interessieren Sie die Grundprinzipien, die man bei der Bearbeitung von Beschwerden beachten sollte?	Kapitel 3: Ab Seite 48 lernen Sie die wichtigsten Grundprinzipien der Beschwerdebehandlung kennen.
Interessiert es Sie, wie man eine Beschwerde erfolgreich bearbeitet?	Kapitel 4: Auf Seite 85 finden Sie eine Übersicht, wie Sie vorgehen sollten.
Möchten Sie Verhaltenstechniken kennen lernen, die man bei der Beschwerdebearbeitung beherrschen sollte?	Kapitel 5: Seite 97 zeigt im Überblick, welche Techniken Sie in diesem Buch erlernen.
Wollen Sie unnötige Beschwerden am Telefon vermeiden?	Kapitel 6: Ab Seite 128 stelle ich hilfreiche Checklisten vor.
Möchten Sie Anregungen, wie man die Beschwerdekorrespondenz optimiert?	Abschnitt 2 des Kapitels 6: Ab Seite 133 bekommen Sie zahlreiche Anregungen und Formulierungshilfen.
Ist es für Sie von Interesse, wie man ein Beschwerdemanagement im Unternehmen einführt?	Kapitel 7: Auf Seite 174 lesen Sie, nach welcher Strategie Sie vorgehen können.

Kapitel 1
Beschwerdemanagement – Einführung und Tatsachen

In diesem Kapitel erhalten Sie grundlegende Informationen zu Beschwerden. Es wird gezeigt, was Beschwerden von Reklamationen unterscheidet, wie Kunden bei Beschwerden reagieren und warum es sinnvoll ist, sich mit diesem Thema auseinander zu setzen. Zahlreiche Fakten machen zudem deutlich, worin der besondere Nutzen des Beschwerdemanagements liegt.

Das Kapitel im Überblick

❖ Einführung

❖ Tatsachen zum Beschwerdemanagement

Einführung

Beschwerden bleiben ein Thema für Dienstleister

Das Thema Beschwerdemanagement ist natürlich nicht neu. Seit Anfang der 80er-Jahre gewinnt es aber zunehmend an Interesse. Mitte der 90er war es Titelthema mehrerer Zeitschriften wie Spiegel, Fokus, Manager Magazin, Stern. Und seit das Internet die Haushalte erobert, finden sich spezielle Internetseiten, auf denen Kunden ihre Beschwerden veröffentlichen oder weiterleiten können. In dem Maße, in dem sich der Wandel zur Dienstleistungsgesellschaft vollzieht, gewinnt auch das Thema Beschwerdemanagement als ein Aspekt der Kundenorientierung und eines umfassenden Qualitätsmanagements an Bedeutung. Das hat die Mehrzahl der Unternehmen leider noch nicht erkannt. Viele Verantwortliche im Service schauen lieber nicht so genau hin und spielen die Bedeutung des Themas herunter. Dabei verspielen sie die Gunst der Kunden: Kunden mit Beschwerden, auch und gerade wenn sie nicht geäußert werden, sind bereits auf dem Weg zur Konkurrenz!

Kompetente Beschwerdebearbeitung – wichtig für Servicemitarbeiter

»Der Kunde steht im Mittelpunkt – und damit allen im Weg.«

Die segensreichen Folgen des technischen Fortschritts werfen auch Schatten. Einfache Servicefunktionen werden zunehmend von der Technik übernommen. Sie ersetzt den Menschen nicht nur an Telefon-Hotlines, sondern auch an anderen Stellen im Service.

Computer übernehmen Beratungs- und Informationsfunktionen, bei denen es um wiederkehrende und gut strukturierbare Interaktionen geht. Bedauerlicherweise muss man sogar eingestehen, dass sie ihre Aufgaben an vielen Orten kundenorientierter erfüllen, als manch verdrossener und uninteressierter Mitarbeiter.

Wer im Servicebereich arbeitet, wird seiner Konkurrenz mit dem Silikonhirn und den Glasfaseradern stets dann überlegen bleiben, wenn er seine spezifisch menschlichen Kompetenzen perfektioniert. Um unkalkulierbare Gesprächssituationen – wie Beschwerden – zu meistern, bedarf es hoher Verhaltensflexibilität, sozialer Kompetenz und Einfühlungsvermögen. In diesem Buch geht es genau um diese Kompetenzen, wie Sie diese einsetzen und dabei nicht wie ein Computerprogramm, sondern natürlich und kompetent klingen.

Beschwerden oder Reklamationen? Wo liegt der Unterschied?

Wenn von *Beschwerden* gesprochen wird, dann ist damit in der Regel gemeint, dass ein Konsument subjektiv ein Problem mit dem Produkt oder der Dienstleistung einem Unternehmen gegenüber äußert. Ein Sonderfall von Beschwerden sind dagegen Reklamationen. Eine *Reklamation* ist eine Beschwerde, bei der man einen konkreten Rechtsanspruch geltend machen kann, sich also auf einen Vertrag oder eine gesetzliche Bestimmung beziehen kann. In diesem Buch wird immer dann gesondert zwischen Beschwerden und Reklamationen unterschieden, wenn dies inhaltlich sinnvoll ist.

Beschwerdemanagement umfasst all die Anstrengungen, die unternommen werden, um im Zusammenhang mit Beschwerden Analysen, Maßnahmen und Kontrollen durchzuführen.

Beschwerden vermeiden? Nein!

Die Zahl der eingehenden Beschwerden gering zu halten, ist kein wirklich empfehlenswertes Ziel. Im Gegenteil, es sollte sogar angestrebt werden, die *Beschwerden zu stimulieren*. Es gibt zahlreiche Gründe, warum sich Kunden nicht beschweren, obwohl sie sich ärgern. Diese Stimmen nicht zu hören oder sich sogar bewusst taub zu stellen, weil der Kunde wenig Möglichkeit hat, seine Beschwerde vorzubringen, nimmt dem Unternehmen die Chance dazuzulernen. Dass und wie man aus Beschwerden lernen kann, wird in diesem Buch noch gezeigt.

Viele Unternehmen übersehen aber nicht nur die Chance, Beschwerden für sich zu nutzen, sondern sie scheinen sogar absichtlich Hürden in Form unvorbereiteter Mitarbeiter, umständlicher Prozeduren, oder fehlender Angebote zur Kontaktaufnahme aufzubauen. Wenn aber die Zahl der Wettbewerber steigt, und Produkte austauschbarer werden, dann ist die Servicekompetenz ein entscheidender Faktor, der den Wettbewerbsvorteil sichert. Beschwerden zu stimulieren bietet die Chance, preiswert zu erfahren, was Kunden erwarten und was sie zufriedener macht.

Warum sich Kunden nicht beschweren

In Beratungen und Gesprächen mit Servicekräften hört man häufig, dass sie mit dem Thema Beschwerden »eigentlich kaum zu tun haben«. Warum ist das so? Die Kunden haben keinen Anlass zur Beschwerde – das ist nur eine mögliche Ursache. Es gibt aber zahlreiche Gründe, die Kunden daran hindern, ihre Beschwerde vorzubringen. Diese sollten geprüft werden, um sich nicht in Sicherheit zu wägen, während der Kunde bereits zur Konkurrenz übergelaufen ist. Es folgen einige Gründe, warum Kunden sich nicht beschweren:

- ❖ Die Kunden haben keine Möglichkeit, jemanden anzusprechen, anzurufen oder anzuschreiben.
- ❖ Eine Beschwerde zu äußern ist mit einem hohen Aufwand verbunden.
- ❖ Kunden werden nicht nach ihrer Meinung gefragt.
- ❖ Die Kunden glauben nicht an die Wirksamkeit ihrer Beschwerde.
- ❖ Ihnen fehlt das notwendige Selbstbewusstsein.
- ❖ Die Kunden ziehen es vor, einem Konflikt – möglicherweise sogar vor anderen Kunden – aus dem Weg zu gehen.
- ❖ Befinden sich Kunden in einer Abhängigkeit (zum Beispiel gegenüber Behörden), so fürchten sie möglicherweise negative Konsequenzen.
- ❖ Die Kunden kennen weder ihre Rechte noch die Pflichten des Unternehmens.

Beschwerden vermeiden? Ja!

Beschwerden zu stimulieren, um ein Bild des Kunden zu erhalten, schließt natürlich ein, dass die Servicemitarbeiter und das gesamte Unternehmen aus den gewonnenen Informationen lernen und ihre Erkenntnisse zur Verbesserung der Dienstleistungen und Produkte einsetzen. Insofern ist es natürlich das Ziel jedes Beschwerdemanagements, Beschwerden zu verringern. Ein Ziel, das zu erreichen sich lohnt. Dennoch wird dies nicht von jedem Unternehmen erkannt. Das Thema Kundenorientierung muss erstens eine strategische Bedeutung für das Unternehmen haben. Zweitens muss erkannt werden, dass der Service nur dann vollständig ist, wenn er sich nicht nur auf die Kaufphase und auf Neukunden bezieht, sondern auch die Vorkauf- (Presales) und die Nachkaufphase (Aftersales) einschließt. Drittens muss ein Unternehmen eine Kultur besitzen, in der über Fehler konstruktiv gesprochen und nachgedacht werden kann, anstatt sie zu verbannen.

Drei Phasen, in denen Beschwerden auftreten können

Beschwerden können an verschiedenen Stellen der Servicekette ihren Ursprung haben. Sie können in drei unterschiedlichen Phasen auftreten, in denen der Kunde mehr oder weniger Kontakt zum Unternehmen und zu unterschiedlichen Mitarbeitern haben kann. Unabhängig davon gilt: Hat ein Kunde eine Beschwerde, so ist damit nicht gesagt, dass er diese auch äußern wird. Intuitiv vermuten die meisten Menschen, dass Beschwerden nur auftreten, wenn der Kauf abgeschlossen ist oder die Dienstleistung bereits in Anspruch genommen wurde. Das betrifft also die Nachkaufphase (Aftersales). Beispielsweise kann es sich um Probleme handeln, die der Kunde hat, weil ein Gerät nicht die Leistungen bietet, die beim Kauf versprochen wurden. Dieser letzten Phase gehen jedoch die Kaufentscheidung und der Kauf selbst voran und müssen ebenfalls beachtet werden.

In der Phase vor der Kaufentscheidung (Presales) ist der Kunde mit der Frage beschäftigt, ob bzw. bei wem er kaufen möchte. Er wählt zwischen unterschiedlichen Wettbewerbern und trifft vielleicht sogar recht schnell die Entscheidung, wo er ein Produkt erwerben oder die Dienstleistung in Anspruch nehmen möchte. Hier können bereits Beschwerden entstehen, die beispielsweise mit der Art der Ansprache des Kunden zusammenhängen. Als ein Beispiel dafür fällt mir die Benetton-Werbung Anfang der 90er-Jahre ein, die die ethisch-moralischen Wertmaßstäbe vieler Personen verletzte.

In der Kaufphase (Sales) hat sich ein Kunde für ein Unternehmen fest entschieden. Er erwirbt das Produkt oder beansprucht die Dienstleistung. Auch hier sammelt er unterschiedliche Erfahrungen, die einen Grund zur Beschwerde darstellen könnten. Zum Beispiel kann ein Verkäufer durch sein forderndes Verhalten den Kunden so unter Druck setzen, dass dieser das Geschäft nicht zu verlassen wagt, ohne einen Kauf zu tätigen.

Beschwerdebearbeitung in drei Phasen

In jeder dieser drei Verkaufs-Phasen bieten sich Möglichkeiten, Beschwerdeursachen zu vermeiden. Dies könnte man unter dem Aspekt der Kundenorientierung betrachten und natürlich sollte dies Teil einer Servicestrategie sein. Da es in diesem Buch um Bearbeitung von Beschwerden geht, ist unser Fokus etwas anders. Hier muss gefragt werden, wie ein erfolgreiches Beschwerdemanagement in diesen unterschiedlichen Phasen des Beschwerdekontaktes aussieht.

*Beschwerde-
management
in drei Phasen*

Vor der Beschwerde	Während der Beschwerde	Nach der Beschwerde
Beschwerdekultur im Unternehmen etablieren. Führungskräften die Bedeutung des Beschwerdemanagements vor Augen führen. Kundenorientierte Werthaltung bei den Mitarbeitern etablieren. Szenarien entwickeln, um auf typische Beschwerdesituationen und Beschwerdephasen vorbereitet zu sein. Kompetenz der Mitarbeiter schulen. Anreize zur erfolgreichen Beschwerdebearbeitung bieten.	Kompetente Beschwerdebearbeitung einführen. Grundprinzipien der Beschwerdebearbeitung einhalten. Beschwerden zur Chefsache machen. Einheitliche Entscheidungen treffen und vertreten. Gleichbehandlung gegenüber den Kunden. Schnelles Bereitstellen von Expertenwissen.	Beschwerden analysieren und auswerten. Controlling des Beschwerdemanagements (Kosten/Nutzen der Aktivitäten des Beschwerdemanagements). Erneut Kontakt zu den Beschwerdeführern aufnehmen und Kontakt festigen. Analyse der Beschwerdekunden vornehmen. Service- und Beschwerdestrategien anpassen.

Die Gefahren eines schlechten Beschwerdemanagements

Für Unternehmen, die die Probleme der eigenen Kunden unbeachtet lassen, kann dies fatale Folgen haben. Kein Unternehmen kann sich diese Ignoranz langfristig leisten. Denn jeder technische Vorsprung und jeder Wettbewerbsvorteil wird irgendwann von der Konkurrenz aufgeholt. Dann sind es wieder die Kunden, die entscheiden, wo sie Produkte oder Dienstleistungen einkaufen. Dies gilt auch für jeden Mitarbeiter, der im Service tätig ist. Es ist wichtig, seine Kompetenz im Umgang mit ärgerlichen Kunden zu erweitern, denn sonst droht er ersetzt zu werden. Der technische Fortschritt wird auch in Zukunft zunehmend preiswertere technische Lösungen für einfache Servicefunktionen ermöglichen.

Da ein funktionierendes Beschwerdemanagement auf einem entsprechenden Verhalten und auf Einstellungen beruht, ist es nicht ad hoc herstellbar. Häufig ist es so, dass die Defizite erst einmal unübersehbar werden. Das Umlernen ist dann ein äußerst schmerzvoller und langwieriger Prozess. Im folgenden Abschnitt stelle ich Ihnen einige Fakten rund um das Thema vor. Sie werden überrascht sein, in welchem Maße das Thema auch Sie betrifft.

Tatsachen zum Beschwerdemanagement

In diesem Kapitel erhalten Sie zahlreiche Informationen rund um das Thema Beschwerden. Sie werden dabei sicher einige Bestätigungen, aber auch einige Überraschungen erleben. Zuvor bietet es sich an, einen kleinen Test durchzuführen, in dem Sie Ihren Wissensstand festhalten können. Beantworten Sie einfach die folgenden Fragen und erfahren Sie anschließend die Fakten. Viel Spaß!

Was wissen Sie über Beschwerden?

Fakt	Frage	Ihre Ein- schätzung
1.	Bitte schätzen Sie, wie viel Prozent der unzufriedenen Kunden abwandern, wenn ihre Beschwerde nicht zufrieden stellend bearbeitet wird.	
2.	Was meinen Sie? Mit wie vielen Personen in seiner Umgebung spricht ein unzufriedener Beschwerdeführer durchschnittlich über sein Problem?	
3.	Wie schätzen Sie das Verhältnis ein von geäußerten zu ungeäußerten Beschwerden?	
4.	Was glauben Sie: wie stehen sich Kosten und Gewinn gegenüber, wenn man ein Beschwerdemanagement-System einführt?	
5.	In welchem Maße hängen Ihrer Meinung nach zufriedene Kunden und geäußerte Beschwerden zusammen?	
6.	Wie hoch könnte der Anteil unverschämter Kunden sein, die eine Beschwerde grundlos äußern, um ihren persönlichen Frust loszuwerden?	
7.	Welche Vorteile eines Beschwerdemanagements können Sie sich vorstellen? (Eventuell auf einem separaten Blatt notieren)	
8.	Welche Vorteile kann ein zufrieden gestellter Beschwerdeführer einem Unternehmen bringen? (Eventuell auf einem separaten Blatt notieren)	
9.	Wie aufwändig ist es, einen Neukunden zu gewinnen im Vergleich zur Pflege loyaler Kunden?	
10.	Wie viel Prozent der Beschwerden werden Ihrer Vermutung nach zufrieden stellend für den Kunden gelöst?	

Tatsache 1: Zufrieden gestellte Beschwerdeführer haben eine größere Loyalität

Eine Untersuchung zur Zufriedenheit amerikanischer Ford-Kunden ergab, dass Kunden, die mit dem Service sehr zufrieden waren, eine deutliche Markenloyalität von 68 Prozent und eine Händlerloyalität von 40 Prozent aufwiesen. Bei unzufriedenen Kunden sanken dagegen die Werte auf 45 Prozent Markenloyalität und zehn Prozent Händlerloyalität (Müller/Riesenbeck 1991). Ähnliche Ergebnisse lassen sich beim Umgang mit Beschwerden beobachten. In der Versicherungsbranche (Ullmann/Peill 1995) liegt die Zahl der Kunden, die nach einer nicht zufrieden stellenden Beschwerdebearbeitung abwandern, bei ungefähr 50 Prozent. Wird die Beschwerde hingegen zufrieden stellend bearbeitet, dann sinkt dieser Anteil auf fünf Prozent. Bei Volkswagen fand man heraus, dass 54 bis 70 Prozent der zufrieden gestellten Beschwerdeführer zu Dauerkunden wurden. Eine schnelle Reaktion des Unternehmens konnte den Anteil sogar auf 95 Prozent erhöhen.

In den so genannten TARP-Studien hat man sich gezielt mit dem Thema Beschwerden beschäftigt. Sie kommen zu dem Ergebnis, dass Beschwerdeführer sogar zu loyaleren Kunden werden können als Kunden, bei denen kein Problem auftrat. Sie zeigen außerdem eine höhere Markentreue (Adamson 1993; Goodman et al. 1987). Ein funktionierendes Beschwerdemanagement vervollständigt somit im Unternehmen die Strategien zur Steigerung der Kundenorientierung und Kundenbindung.

Tatsache 2: Beschwerdeerlebnisse werden verbreitet

Über Beschwerden spricht man

Misserfolge, die man als Kunde erlebt, sind beliebte Gesprächsthemen. So verwundert es nicht, dass Richins (1983) in einer Untersuchung zum Ergebnis kommt, dass 85 Prozent der betroffenen Personen mit mindestens einer Person über das Problem reden. Aber es bleibt in der Regel nicht bei dieser einen Person. Eine TARP-Studie belegt, dass durchschnittlich zehn Leute von einer kleinen Beschwerde erfahren, größere Probleme werden sogar an durchschnittlich 16 Personen weitererzählt. Positive Erlebnisse im Hinblick auf Beanstandungen werden demgegenüber nur fünf Personen – bei großen Problemen zehn Personen – berichtet.

Zusammenfassend lässt sich feststellen: Nicht zufrieden gestellte Beschwerdeführer sprechen ungefähr doppelt so häufig über ihr Erlebnis wie zufriedene Beschwerdeführer (Hansen/Jeschke 1995). Hinzu kommt:

❖ Die Personen, die von dem Problem erfahren, sprechen darüber wiederum mit weiteren Personen.

❖ In solchen Gesprächen werden in der Regel konkrete Empfehlungen gegeben, ein bestimmtes Produkt nicht zu kaufen oder ein Geschäft nicht aufzusuchen usw.

❖ Experimente aus der Sozialpsychologie zeigen, dass solche weitergegebenen persönlichen Erlebnisse eine extrem hohe Überzeugungskraft besitzen.

Ein effektives und professionelles Beschwerdemanagement trägt somit zur Imagebildung eines Unternehmens in großem Maße bei. Diese Bedeutung sollten sich Firmen stets vor Augen halten.

Tatsache 3: Die Zahl der nicht geäußerten Beschwerden ist hoch

Warum sollte man sich mit dem Thema Beschwerdemanagement beschäftigen, wenn Beschwerden nur sporadisch auftreten? In der Tat erscheint die Dringlichkeit eines systematischen Beschwerdemanagements vielen Unternehmen deshalb vergleichsweise gering, weil sie nicht bedenken, wie hoch die Dunkelziffer der Unzufriedenheit tatsächlich ist. Adamson (1993) hat für unterschiedliche Branchen folgende Werte ermittelt: die Zahl der Personen, die Grund zu einer Beanstandung haben, sich aber nicht beschweren, liegt bei Fluggesellschaften bei 69 Prozent, bei Autovermietungen bei 82 Prozent, in der Konsumgüterindustrie sogar bei 86 Prozent. Konkret kann man damit rechnen, dass auf eine offen geäußerte Beschwerde sechs schwerwiegende und 20 bis 50 weniger schwerwiegende »verschwiegene« Beanstandungen fallen (Goodman 1989).

Diese Zahlen verwundern nicht. Einerseits existieren psychologische Barrieren, die Konsumenten daran hindern, Beschwerden vorzutragen. Andererseits machen es viele Unternehmen dem Kunden nicht gerade leicht, ihre Beanstandungen weiterzugeben.

Tatsache 4: Beschwerdemanagement bringt Gewinn

Die Realität zeigt: Ein Unternehmen wird sich nur dann mit dem Thema Beschwerdemanagement auseinander setzen, wenn damit ökonomische Vorteile verbunden sind. Am Anfang stehen aber Investitionen an, verursacht durch Personal-, Trainings- und Materialkosten. Kurzfristig ist deshalb nicht mit Gewinnen zu rechnen. Firnstahl (1990) beschreibt den Zyklus folgendermaßen: Die Kosten steigen – die Beschwerden sinken – die Umsätze steigen – die Kosten sinken – die Gewinne steigen. Mittel- bis langfristig (ein Zeitraum von fünf Jahren erscheint als realistisch) rechnen sich diese Investitionen jedoch. Reichheld (1993) zeigt an einem Beispiel der Finanzbranche, dass eine Gewinnsteigerung eines Unternehmens um 60 Prozent möglich ist, wenn nur fünf Prozent Kunden weniger abspringen. Und in einem konkreten Beispiel aus der Versicherungsbranche standen den Gesamtkosten der Einführung eines Beschwerdemanagements mit 600 TDM Gewinne von 1,8 Mio. DM gegenüber (Ullmann/Peill 1995). Die Investitionen bringen also letztendlich beträchtliche Gewinne. Der zu erwartende Entwicklungszyklus bei der Einführung eines Beschwerdemanagements sieht folgendermaßen aus (nach: Reicheld 1993):

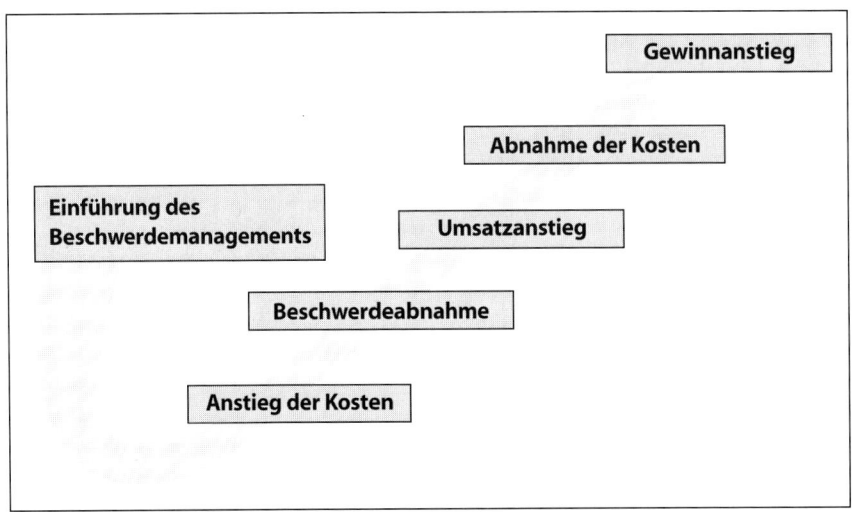

Tatsache 5: Zufriedene Kunden sind kein Garant für Beschwerdefreiheit

Unternehmen sprechen sich oft mit dem Argument, ihre Kunden seien zufrieden, gegen die Notwendigkeit eines eigenen Beschwerdemanagements aus. Kaas und Runow (1987) bestätigen, dass in Umfragen die Zahl der zufriedenen Käufer bei über 90 Prozent liegt. Diese Zahlen täuschen. Hierin enthalten sind nicht die Kunden, die bereits abgewandert sind. Außerdem weisen solche Befragungen häufig methodische Schwierigkeiten auf. Stauss und Neuhaus (1996) haben beispielsweise vorgeschlagen, das Zufriedenheitskonzept zu differenzieren und unterschiedliche Zufriedenheitstypen zu berücksichtigen. Ein weiteres Problem besteht darin, dass die angegebene Zufriedenheit nicht unbedingt bedeutet, dass der Kunde wirklich zum Wiederkäufer wird. Eine erstaunliche Untersuchung von Reichheld (1997) ergab: 60 bis 80 Prozent der abgewanderten Kunden (branchenunabhängig) gaben noch kurz zuvor bei Befragungen an, dass sie zufrieden oder sehr zufrieden seien.

> »Wer klug ist, kann sich dumm stellen.«

Diese Ergebnisse zeigen, dass Erhebungen zur allgemeinen Kundenzufriedenheit keine wirklich exakte Aussage über die Kundentreue zulassen. Beschwerdemanagement dagegen kann zur Steigerung der Kundentreue beitragen und liefert außerdem Erkenntnisse, die die Erhebungen zur Kundenzufriedenheit sinnvoll ergänzen.

Tatsache 6: Beschwerdeführer sind kooperativ

Immer wieder ist folgendes Argument zu hören: Personen, die sich beschweren, seien letztlich nicht wirklich an einer Lösung interessiert, sondern würden nur ein Ventil für ihre Frustration suchen. Dieses Argument wird insbesondere von Mitarbeitern vorgebracht, die an vorderster Front mit den Kunden zu tun haben. Meine eigene Erfahrung dagegen zeigt, dass es sich völlig anders verhält. Verärgerungen nehmen bei den Beschwerdeführern in der Regel erst dann stark zu, wenn sie den Eindruck gewinnen, dass ihre Beschwerde nicht ernst genommen wird oder das Verhalten des bearbeitenden Mitarbeiters kommunikative und fachliche Defizite erkennen lässt. – Ursache und Wirkung werden also vertauscht.

Die Zahl der per se unverschämten und unzugänglichen Kunden ist verschwindend gering. Gleichwohl sind viele Beschwerdeführer sehr aufgeregt, sodass die soziale Kompetenz der Mitarbeiter, die im Beschwerdemanagement arbeiten, besonders ausgeprägt sein muss, um Eskalationen zu vermeiden. Man sollte berücksichtigen, dass Beschwerdeführer Zeit und Energie investieren, um ihre Beanstandungen vorzubringen. Eine Beschwerde einzubringen, ist bereits ein Kooperationsangebot, auch das sollte beachtet werden. Das Unternehmen muss dies nur erkennen und zu nutzen wissen.

Tatsache 7: Beschwerdemanagement spart Kosten und schafft Innovation

Beschwerden zu stimulieren, sie zu analysieren und Maßnahmen daraus abzuleiten, bietet die Möglichkeit, Kosten zu sparen und Innovationen im Unternehmen zu forcieren. Einige Beispiele sollen das verdeutlichen (nach: Barlow/Moller 1996):

❖ Die Firma Wayne-Dalton erhielt zahlreiche Anrufe und Schreiben von Kunden, die beschädigte Türen beanstandeten. Die Kunden beschwerten sich, obwohl sie die Schäden am gelieferten Produkt selbst verursacht hatten. Das Unternehmen veränderte daraufhin die Verpackung und reduzierte dadurch die Beschwerden. Obwohl die Verpackung teurer war, sanken die Netto-Produktionskosten durch diese Maßnahme.

❖ Das amerikanische Unternehmen Quick Park Inc. bewirtschaftet Parkraum. Es führte nach zahlreichen Kundenbeschwerden über zu lange Auffahrtzeiten einige Änderungen durch, die die Abfertigung der Autos erheblich beschleunigte und nebenbei Kosten einsparte. Auf diese Weise entstanden Vorteile für Kunden und Unternehmen.

❖ Das Unternehmen Frigidaire Co. nahm Kundenbeschwerden über beschädigte Lieferteile zum Anlass, sein Verpackungssystem zu ändern. Das neue System beschleunigte das Verpacken um ein Vielfaches und brachte zusätzlich Platzeinsparungen in der Fertigungshalle.

Tatsache 8: Zufrieden gestellte Beschwerdeführer werben neue Kunden

Wie bereits berichtet, sprechen zufrieden gestellte Beschwerdeführer über ihre Erlebnisse. Es erscheint sinnvoll, noch einmal gesondert herauszustellen, dass ein zufriedener und loyaler Kunde ein Botschafter für das Unternehmen ist. Indem er seine positiven Erfahrungen verbreitet, wirbt er Neukunden, steigert die Bekanntheit der Servicequalität und relativiert in Gesprächen schlechte Erlebnisse anderer Konsumenten. Umfangreiche Marktanalysen der Firma Eismann (Müller/Riesenbeck 1991) kommen beispielsweise zu dem Ergebnis, dass 100 zufriedene Kunden etwa 30 neue Kunden hinzugewinnen. Diese Ergebnisse lassen sich jedoch nicht auf jede Branche übertragen. Dies ändert aber nichts an der Tatsache, dass ein gelungenes Beschwerdemanagement nicht nur einen Wettbewerbsvorteil darstellt, dessen Wirkung mit jedem zufrieden gestellten Kunden steigt.

Tatsache 9: Beschwerdemanagement erspart eine Marktuntersuchung

Es gibt bereits einige Unternehmen, die erkannt haben, dass eine erfolgreiche Bearbeitung von Beschwerden erhebliche Kosten sparen kann. Coca-Cola hatte beispielsweise 1985 eine Veränderung seiner Rezeptur vorgenommen – mit entsprechenden Aufwendungen für das Marketing. Nach zahlreichen Beschwerden wurde die Veränderung wieder rückgängig gemacht. Nur die schnelle Reaktion verhinderte größere Einbußen und verschaffte dem Unternehmen in der Folge sogar rasche Zuwächse der Marktanteile (Müller/Riesenbeck 1991). Man kann davon ausgehen, dass Coca-Cola Marktstudien anfertigen ließ, bevor die neue Rezeptur angeboten wurde. Solche Studien können aber nicht jenen Teil der Kundenbedürfnisse erfassen, der durch ein Beschwerdemanagement greifbar wird.

Müller und Riesenbeck kommen zu dem Schluss, dass die Pflege loyaler Kunden lediglich 15 bis 20 Prozent der Aufwendungen erfordert, die für eine Gewinnung neuer Kunden notwendig wäre. Hart et al. (1991) behaupten sogar, einen Kunden zu gewinnen koste fünf mal mehr, als einen Kunden zu halten.

Beschwerdemanagement als Teil einer umfassenden Kundenorientierungsstrategie ist daher ein wichtiges Instrument zur Pflege loyaler Kunden und kann in diesem Sinne erheblich Kosten sparen.

Tatsache 10: Die Bemühungen zur Bearbeitung von Beschwerden haben oft negative Effekte

Eine große Zahl von Unternehmen betreibt bereits ein mehr oder minder aktives Beschwerdemanagement und fühlt sich deshalb vielleicht nicht veranlasst, das Thema nochmals zu überdenken. Ein Trugschluss, wie sich häufig zeigt. In diesem Bereich bereits aktiv zu sein, ist keine Erfolgsgarantie. Verschiedene Untersuchungen belegen, dass lediglich die Hälfte aller Beschwerden zur Zufriedenheit der Kunden bearbeitet wurden (vgl. Tax/Brown 2000; Meyer/Dornach 1996). Andere Autoren behaupten sogar, dass in mehr als der Hälfte aller Fälle die Reklamationsbearbeitung den Ärger der Kunden sogar noch steigere (Hart et al. 1991).

Beispiel für eine Internet-Adresse, die Verbraucherbeschwerden sammelt und weiterleitet

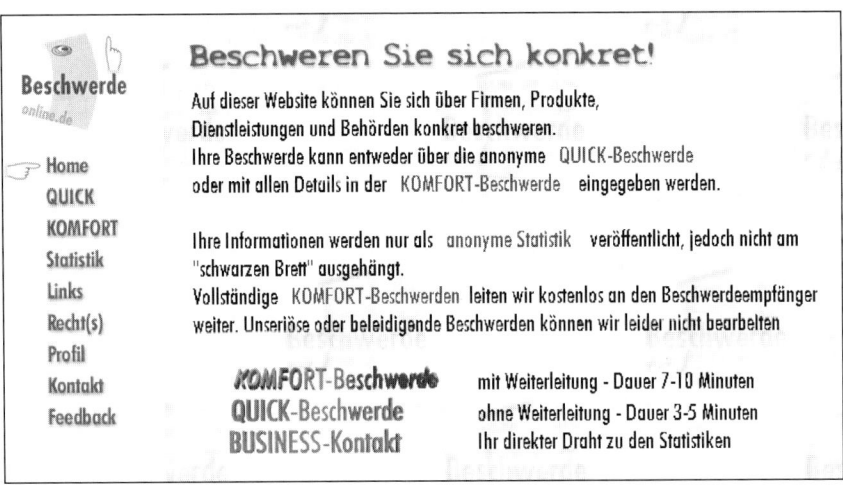

Kapitel 2
Aus Beschwerden lernen

In diesem Kapitel lernen Sie eine Strategie kennen, mit der Sie Beschwerden systematisch bearbeiten können. Sie können dabei nach konkreten Vorschlägen vorgehen, die sich in der Praxis der Beschwerdebearbeitung bewährt haben. Natürlich erfahren Sie auch, worauf Sie im Einzelnen achten sollten. Die Vorteile dieser systematischen Vorgehensweise werden deutlich herausgestellt.

Das Kapitel im Überblick

❖ Die Stufen der Beschwerdebearbeitung

❖ Beschwerden systematisch aufnehmen

❖ Beschwerden zielgerichtet analysieren

❖ Checkliste: Elf typische Problemfelder im Servicebereich

Die Stufen der Beschwerdebearbeitung

Jede Beschwerdebearbeitung durchläuft drei aufeinander aufbauende Stufen:

- ❖ Datenaufnahme,
- ❖ Analyse
- ❖ und Bearbeitung.

Diese betreffen zunächst den einzelnen Mitarbeiter, müssen aber auch grundsätzlich für jedes Unternehmen durchdacht werden.

Die Stufen der Beschwerdebearbeitung für die Mitarbeiter

Die Beschwerdebearbeitung beginnt mit der systematischen Datenaufnahme. Nachdem die Daten aufgenommen wurden, folgt die Analyse der Beschwerde und daran anschließend die Bearbeitung.

Diese Abfolge ist idealtypisch. Selbstverständlich kann es immer wieder zu Störungen kommen. Aber eine unvollständige Datenaufnahme hat zur Folge, dass die Analyse des Problems nicht optimal ausfallen kann. Wird die Analyse vernachlässigt, dann steigt das Risiko, das Problem falsch zu interpretieren, Bearbeitungsfehler sind die Folge. Die Lösung des Problems und die Zufriedenheit der Kunden hängen also von der Qualität der Arbeit auf den ersten beiden Stufen ab.

Die Stufen der Beschwerdebearbeitung im Unternehmen

Für Ihr Unternehmen betreffen die Stufen der Beschwerdebearbeitung nicht die einzelnen Beanstandungen. Vielmehr stellt sich hier die grundsätzliche Frage, wie die Summe aller Beschwerden aufgenommen, gesammelt und archiviert werden. Im Zentrum des Interesses steht die systematische Analyse aller eingegangenen Beschwerden. Das Ziel lautet: eine optimale Strategie zur Beschwerdebearbeitung finden.

Auch auf der Unternehmensebene gilt: Schwächen in einer der vorangegangenen Stufen beeinträchtigen die Arbeit in den Folgephasen.

Beispiel für die Beschwerdeanalyse auf Unternehmensebene

Die Serviceabteilung eines Unternehmens führt in unregelmäßigen Abständen Besprechungen mit einem externen Moderator durch. Der Moderator unterstützt die Mitarbeiter dabei, gemeinsam die Beschwerden zu analysieren, die sich zwischenzeitlich angesammelt haben. Im Rahmen dieser Moderationen werden dann allgemein verbindliche Vereinbarungen getroffen, wie mit vergleichbaren Problemen künftig umgegangen werden soll, welche Maßnahmen ergriffen werden müssen, um das Auftreten dieser Beschwerden zu verringern. Soweit es erforderlich ist, werden Vorgesetzte informiert, um entsprechende Unterstützung zu bieten, wenn andere Abteilungen einbezogen werden müssen.

Einige Leitfragen können Sie vielleicht in Ihrer nächsten Abteilungsbesprechung übernehmen:

❖ Lassen sich die gesammelten Beschwerden sinnvoll zusammenfassen?
❖ Was ist der Kern oder die gemeinsame Ursache, die den Beschwerden zugrunde liegt?
❖ Treten bestimmte Beschwerdetypen saisonal gehäuft auf?
❖ Welche Strategien einzelner Mitarbeiter im Umgang mit bestimmten Beschwerden haben sich bewährt?
❖ Wie können erfolgreiche Strategien von anderen Mitarbeitern übernommen werden?
❖ Welche Informationen benötigen wir noch, um bei der Beschwerdebearbeitung kompetenter reagieren zu können?
❖ Wie können wir Zugang zu den entsprechenden Informationen bekommen?

Beschwerden systematisch aufnehmen

Sobald der Kunde mit seiner mündlichen oder schriftlichen Beschwerde Kontakt zum Unternehmen aufnimmt, geht es zunächst darum, die zur Bearbeitung erforderlichen Daten zu erhalten.

Die systematische Aufnahme der Beschwerde ist die Basis, um bestmöglich reagieren zu können. Durch sie wird das Problem des Kunden erkennbar. Häufig ist es doch so, dass die Person, die die Beschwerde entgegennimmt, nicht immer die Kompetenz besitzt, um das Problem genau analysieren und zu einer abschließenden Lösung kommen zu können. Dies ist gleichzeitig das wichtigste Argument für eine systematische Beschwerdeerfassung. Denn viele Beanstandungen können nicht sofort abschließend bearbeitet werden, weitere Personen müssen in den Bearbeitungsprozess mit einbezogen werden. Die Person, die die Beschwerde entgegengenommen hat, wird möglicherweise an der Lösung nicht beteiligt sein (bei technischen Problemen müssen beispielsweise häufig Experten hinzugezogen werden). Die Beschwerdeaufnahme muss daher sicherstellen, dass alle relevanten Informationen zur weiteren Bearbeitung festgehalten werden.

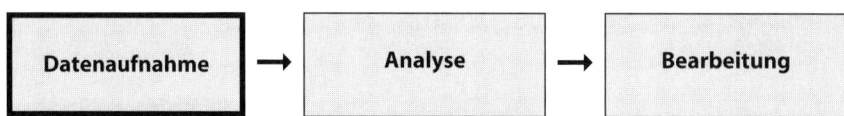

Formulare zur systematischen Datenaufnahme

Ein Formular zur Aufnahme von Beschwerden am Telefon oder zur Nachbearbeitung bei direktem Kundenkontakt erleichtert die systematische Datenaufnahme erheblich. Es besteht allerdings die Gefahr, dass die Abarbeitung eines solchen Formulars zu mechanisch, zu automatenhaft erfolgt. Sie sollten Ihren Kunden ins Zentrum des Gesprächs rücken und nicht irgendein Formular. Das Formular ist lediglich das Grundgerüst. Ihr Gesprächsverhalten sollte sich dagegen am Beschwerdeführer ausrichten. Dies erfordert viel

Übung, wenn man auch wirklich alle relevanten Informationen erfahren will. Denn oft lässt man sich so sehr auf den Gesprächsprozess ein, dass nach wichtigen Daten nicht gefragt oder diese nicht festgehalten werden, weil vielleicht der Zeitpunkt ungünstig war und man es später vergaß. Ich empfehle trotzdem, die Checkliste auf der nächsten Seite nur in Ausnahmefällen systematisch abzuarbeiten. Wichtig ist es, sich am Gesprächspartner zu orientieren, den Kontakt zu halten und nach und nach die einzelnen Aspekte der Liste anzusprechen. So schaffen Sie eine konstruktive Atmosphäre zur Lösungssuche und erhalten dennoch die gewünschten und erforderlichen Informationen.

Die folgende Checkliste (nach: Stauss/Seidel 1998) soll Ihnen die systematische Beschwerdeaufnahme erleichtern. Sie können sie unverändert übernehmen oder Ihren spezifischen Bedürfnissen anpassen. Wenn Sie dann während der Entgegennahme einer Beschwerde zu den erwähnten Punkten Notizen machen, werden Sie alle Daten erheben, die zu einer optimalen Bearbeitung erforderlich sind. Im direkten Gespräch, in dem Beschwerden vorgetragen werden, sollten Sie bei der Verwendung eines Formulars behutsam vorgehen. Kündigen Sie an, dass dies dem Kunden hilft, seine Beschwerde vollständig und bestmöglich zu erfassen.

Ein wichtiger Punkt, den Sie unbedingt beachten sollten, ist folgender:

Bei der Erhebung der Daten geht es um die Sicht des Kunden und nicht um die der Mitarbeiter!

Vermeiden Sie unbedingt eine verzerrende Darstellung der Beschwerde, die Ihre eigene Vorstellung von der Problemsituation abbildet.

Zu erhebender Themenbereich	Erläuterung
Rahmendaten zur Beschwerde	
Datum: Uhrzeit: Beschwerdeadressat: Bisherige Kontakte (in der Angelegenheit): Entgegennehmender Bearbeiter:	Zu den Rahmendaten gehören nicht nur Datum und Zeitpunkt der Beschwerde. Auch der Adressat ist wichtig, da Bearbeiter und Adressat möglicherweise unterschiedlich sind. Vielleicht gab es bereits Kontakte zum Unternehmen, sodass die Beschwerde schon eine Geschichte hat. Dies sollte vermerkt werden.
Informationen zum Beschwerdeführer	
Name des Beschwerdeführers: Adresse: Firma: Betroffener: Kundennummer: Ausmaß des Ärgers:	Beschwerdeführer und Betroffener sind mitunter nicht dieselbe Person. Insbesondere wenn die Bearbeitung später von anderen Kollegen abgeschlossen wird, ist es für eine korrekte Ansprache wichtig, einen entsprechenden Unterschied zu kennen. Als hilfreich für eine spätere Analyse hat es sich zudem erwiesen, das Ausmaß des Ärgers festzuhalten.
Informationen zum Problem	
Was ist geschehen? Wo? Wann? Wie ist es genau passiert? Wer war beteiligt?	Natürlich ist es wichtig, alle möglichen Informationen zum aufgetretenen Problem zu erfahren. Die Lösung des Problems kann nur dann erfolgen, wenn auch Details bekannt sind. Bedenken Sie: Solche Details erscheinen dem Beschwerdebearbeiter vielleicht nebensächlich, sind aber für die Experten, die ein Problem lösen, mitunter sehr aufschlussreich.
Problembereich	
Ist die Beschwerde ❖ produktbezogen? ❖ personbezogen? ❖ eine Folgebeschwerde? Mit welchem Bezug?	Hier geht es um eine Klassifizierung des Problems. Später gehen wir auf die unterschiedlichen Problembereiche noch gezielt ein.
Informationen zu Lösungsansätzen	
Lösungsvorstellungen des Beschwerdeführers Handlungsabsichten des Beschwerdeführers Bisher vereinbarte Zusagen Bisher realisierte Lösungen	Auch die Lösungsvorstellungen und Handlungsabsichten des Beschwerdeführers sollten notiert werden. Dies ermöglich später sehr individuelle Reaktionen und Rückschlüsse, wie abschließende Lösungen am besten aussehen könnten.

Beschwerden zielgerichtet analysieren

Auch die Beschwerdeanalyse kann systematisch erfolgen. Sie lernen dazu das 3P-Modell kennen, das Ihnen eine enorme Hilfe sein wird bei der Klassifizierung von Problemen.

Die Analyse der Beschwerde und das Erkennen der Problemursache kann schon im Gespräch während der Aufnahme erfolgen. Das 3P-Modell (Person-Produkt-Prozess) wirkt dabei wie ein Wahrnehmungsfilter, mit dessen Hilfe Sie lernen, Informationen gezielt und sinnvoll zuzuordnen. Bereits nach einer kurzen Zeit der Anwendung werden Sie feststellen, dass Sie bei der Aufnahme von Beschwerden in den Kategorien des Modells denken.

Das Modell eignet sich ebenfalls dazu, auf Unternehmensebene die gesammelten Beschwerden nachträglich zu analysieren. Dies kann in Besprechungen oder in Workshops der Fall sein. Dann können Sie wiederkehrende Probleme identifizieren, entsprechende strategische Konsequenzen ziehen und Gegenmaßnahmen ableiten.

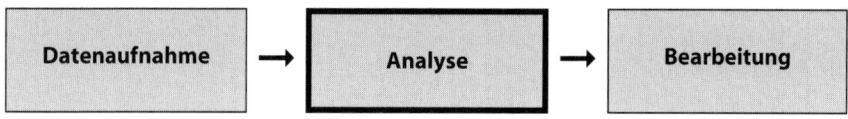

Eine gezielte Beschwerdeanalyse vermeidet dauerhaft Ärger

Eine gezielte Beschwerdeanalyse kostet zwar zu Beginn etwas Zeit. Mittelfristig hilft sie jedoch, schneller und genauer die Ursachen zu erkennen und zu beseitigen, die zu den Problemen und damit zu den Beschwerden führen. Die Erfahrung zeigt, dass scheinbar ganz unterschiedlichen Problemen und Beschwerden oftmals dieselbe Ursache zugrunde liegt. Eine effektive Beschwerdebearbeitung erfasst daher das Problem und fördert seine zentrale Ursache zu Tage. Als Beispiel sollen drei voneinander unabhängige Reklamationen dienen.

(Kl)eine Ursache –
vielfältige Wirkungen

Erster Fall: Herr Breidenich muss beim Auspacken eines soeben erworbenen Geräts feststellen, dass es defekt ist. Er schickt es zurück und erhält dennoch eine Woche später die Rechnung. Er versucht daraufhin, telefonisch die Situation zu klären. Er wird zunächst mehrfach weiterverbunden, bevor man ihm mitteilt, im Datenverarbeitungssystem sei lediglich verzeichnet, dass das Gerät an ihn verschickt worden sei. Auf seine Erklärungsversuche wird mit Unverständnis reagiert und abermals auf die Angaben des DV-Systems verwiesen.

Zweiter Fall: Frau Gunder versucht, ihr neu erworbenes Gerät in Betrieb zu nehmen. Sie stellt fest, dass es nicht funktioniert. Etwas verärgert setzt sie sich mit dem Unternehmen in Verbindung. Sie wird von der Zentrale mit dem technischen Kundendienst verbunden, der ihr mitteilt, dass sie bei der Inbetriebnahme falsch vorgegangen sei. Den Kundendienst noch am Telefon, muss sie feststellen, dass sie tatsächlich etwas falsch gemacht hat. Sie ärgert sich dennoch und reagiert auf die Hilfe kurz angebunden, weil sie den Eindruck hat, herablassend behandelt zu werden.

Dritter Fall: Auch Frau Fischbach hat das Gerät erworben. Bei ihr funktionierte es einwandfrei. Nach der ersten Inbetriebnahme war sie für einige Wochen verreist. Als sie nach ihrer Rückkehr das Gerät erneut nutzen wollte, traten Probleme auf. Der Kundendienst konnte ihr per telefonischer Ferndiagnose nicht helfen. Nach einer weiteren Woche erschien ein Servicemitarbeiter vor Ort und setzte das Gerät in Gang. Es sei eine Kleinigkeit, die häufiger aufgetreten sei, wird ihr mitgeteilt, und auf die Fehlerquelle hingewiesen. Die Verzögerungen ärgerten Frau Fischbach zwar sehr, am wichtigsten war ihr jedoch, dass keine Zusatzkosten entstanden und keine weiteren Probleme mehr auftreten.

Beachten Sie, wie unterschiedlich die Situationen sind. In jedem Fall wird die Beschwerde auf eine andere Art bearbeitet. Da jedoch keine gezielte Analyse der Beschwerde vorgenommen wurde, erkannte das Unternehmen erst nach geraumer Zeit – durch die Häufung vergleichbarer Fälle und einen engagierten Mitarbeiter – die Ursache des Problems. (Auflösung folgt.)

Die drei Analyseschritte

Im *ersten Schritt* sollen Sie die Dimension einer Beschwerde erkennen. Das 3P-Modell (Person-Produkt-Prozess) wird Ihnen helfen, Beschwerden in Orientierung an bestimmte Problemkategorien zu klassifizieren. Wenn Sie gelernt haben, in den Kategorien dieses Modells zu denken, wird es Ihnen leichter fallen, sofort entsprechende Maßnahmen zu ergreifen, einen kompetenten Eindruck bei Ihren Gesprächspartnern zu hinterlassen und einem Wiederauftreten der Probleme entgegenzuwirken.

Im *zweiten Schritt* identifizieren Sie die Ursache(n) des Problems, das die Beschwerde ausgelöst hat. Dabei kommt es oft vor, dass sich scheinbar ganz unterschiedliche Probleme auf ein und dieselbe Ursache zurückführen lassen oder, anders gesagt, dass Sie auf eine Ursache stoßen, die an anderer Stelle noch ganz andere Probleme hervorruft. Wenn Sie derartige Ursachen entdecken und beseitigen, so sind weitreichende Verbesserungen die Folge.

Ein *dritter Schritt* ist notwendig, um das Phänomen der Folgeprobleme zu verstehen und in den Griff zu bekommen. Folgeprobleme sind solche Probleme, die zusätzlich während der Bearbeitung einer Beschwerde hervortreten. Sie führen zu neuen Beschwerden im Rahmen eines bereits laufenden Beschwerdevorgangs und damit zu komplexen Verstrickungen. Dazu soll es natürlich möglichst nicht kommen.

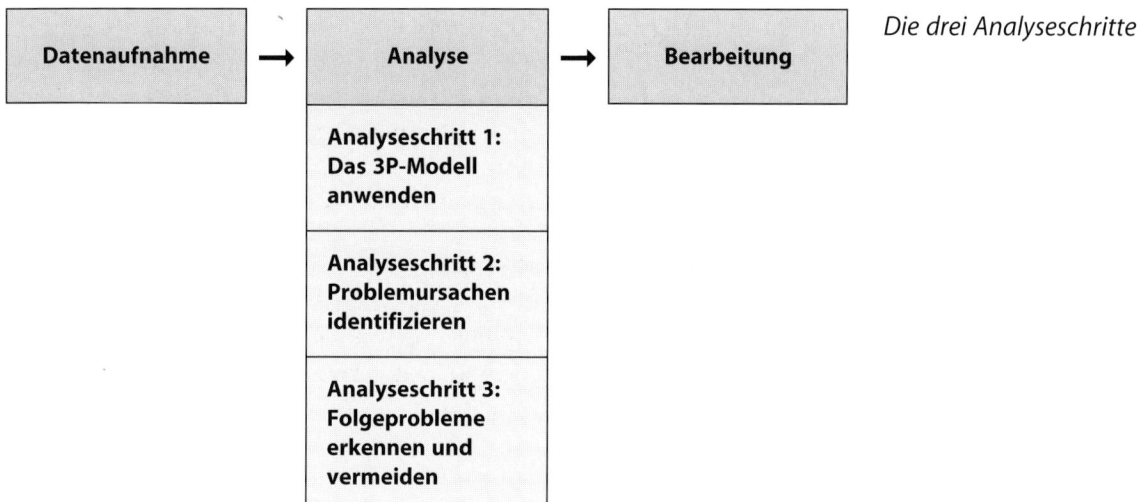

Die drei Analyseschritte

Analyseschritt 1: Das 3P-Modell anwenden

Jeder Beschwerde liegt mindestens ein Problem zugrunde. Die meisten dieser Probleme lassen sich einem der folgenden drei Bereiche zuordnen:

- ❖ Es kann sein, dass das Problem in der Interaktion der beteiligten *Personen* begründet liegt,
- ❖ Oder aber es ist mit dem *Produkt* und seinen Eigenschaften verknüpft (wobei auch Dienstleistungen als Produkte zu verstehen sind).
- ❖ Und schließlich gibt es Probleme, die aus dem *Prozess* des Produkterwerbs erwachsen.

Die folgende Übersicht zeigt konkrete Probleme aus den drei Bereichen.

Person	Produkt	Prozess
Falschinformation. Verharmlosung oder Verschleierung. Fehlende Hinweise. Mangelhafte Freundlichkeit. Fehlendes Engagement/Desinteresse. Fehlendes Verständnis. Fehlende Fähigkeiten.	Qualität. Verhältnis Preis/Leistung. Verarbeitung. Benutzerfreundliche Handhabung. Umsetzbarkeit. Unvollständigkeit. Sicherheit. Produktbeschreibung.	Geschwindigkeit. Unvollständigkeit. Umständlichkeit. Transparenz/Nachvollziehbarkeit. Fehler. Mangelhafte Erhebung von Daten. Unfaire Behandlung.

Problembereich Person

Problematisches Verhalten von Mitarbeitern löst häufig Unmut auf Seiten der Kunden aus. Das kann bereits die schlechte oder falsche Beratung beim Verkauf des Produktes sein. Dabei muss aber keinesfalls böse Absicht im Spiel sein. Das sollten Sie stets beachten. Folgende Beispiele sind typische personenbezogene Probleme:

❖ *Falsche Informationen über das Produkt:* Problematisch ist es beispielsweise, wenn sich erst nach dem Kauf herausstellt, dass man ein Gerät nur unter eingeschränkten Bedingungen verwenden kann, oder dass es nicht zu bereits vorhandenen Geräten passt. Dies kann passieren, weil der Mitarbeiter selbst falsch informiert ist, weil er sich profilieren möchte und keine Informationslücke vor dem Kunden eingestehen will oder darf.

❖ *Verharmlosung und/oder Verschleierung von Schwierigkeiten:* dies passiert häufig, wenn der Verkauf (Prämien!) Priorität genießt.

❖ *Fehlende Hinweise:* Es fehlen Tipps zum Gebrauch des Produktes oder ein Hinweis darauf, dass bestimmtes Zubehör miterworben werden sollte.

❖ *Fehlendes Wissen:* dies kann Fachwissen zum Produkt oder zu Prozessen und Abläufen im Unternehmen betreffen (zum Beispiel kennt der Mitarbeiter die Lieferbedingungen nicht).

Problembereich Produkt

Mängel am Produkt stellen den zweiten Bereich dar, in dem die Ursache vieler Beschwerden zu suchen ist. Beispielsweise gibt es folgende Problemtypen:

❖ *Verarbeitungsprobleme:* Während des Gebrauchs machen sich Verarbeitungsprobleme bemerkbar.

❖ *Benutzerfreundliche Handhabung:* Das Produkt weist Mängel hinsichtlich der Bedienbarkeit auf.

❖ *Unvollständigkeit:* Wenn wichtige Teile fehlen, schränkt dies den Gebrauch ein. Dies ist häufig der Fall, wenn die Werbung Möglichkeiten suggeriert, die erst durch Zusatzinvestitionen realisierbar werden.

❖ *Produktbeschreibungen:* Viele dieser Beschreibungen orientieren sich nicht am Informationsbedürfnis und den typischen Lesegewohnheiten der Konsumenten.

Problembereich Prozess

Hierbei handelt es sich meist um interne Abläufe, die wenig kundengerecht organisiert sind. Manche Abläufe machen zwar verwaltungstechnisch durchaus Sinn, andere werden schlichtweg aus Tradition beibehalten, ohne dass ihre Sinnhaftigkeit hinterfragt wird. Typische prozessbezogene Probleme sind:

> »Wir wissen zwar nicht, wo es langgeht, aber wir werden uns beeilen.«

❖ *Geschwindigkeit:* Häufig führt Personalmangel zu langen Wartezeiten oder auf der anderen Seite zu gehetzten Beratungen.
❖ *Unvollständigkeit:* Die Servicekette ist nicht geschlossen, niemand ist telefonisch erreichbar oder auf Anfragen folgen keine Reaktionen.
❖ *Fehler:* Falsche Produkte werden geliefert oder Rechnungen doppelt versandt.
❖ *Umständlichkeit:* Dies tritt beispielsweise auf, wenn komplizierte Formulare ausgefüllt werden müssen und/oder ein Kontakt zu mehreren Mitarbeitern notwendig ist, bevor man ein Produkt erhält.
❖ *Unfaire Behandlung:* Dies betrifft Prozesse, aus denen den Kunden Nachteile entstehen können (zum Beispiel Vertragsabbruchklauseln).

Das 3P-Modell in der Praxis

In der Realität können die Probleme meist mehreren Bereichen zugeordnet werden. Sie haben nun die Möglichkeit zu überprüfen, welche Problembereiche in unserem Beschwerdenbeispiel (s. S. 30) berührt waren. Stellen Sie sich vor, Sie seien die Person, die die Beschwerde aufnimmt. Auf folgende Aspekte sollten Sie dabei in jedem Fall achten:

❖ Nehmen Sie die Daten beschreibend, nicht wertend auf.
❖ Wenn Sie notieren: »defektes Gerät«, so ist dies viel allgemeiner als »Gerät funktioniert nicht bei Betätigen der Taste X«. Für eine schnelle Problembeseitigung sind sachliche Beschreibungen hilfreicher als Wertungen.
❖ Notieren Sie die Daten aus der Sicht des Beschwerdeführers.
❖ Wie bereits erwähnt: Um eine Beschwerde analysieren zu können, ist es wichtig, die tatsächliche Sicht des Kunden zu erfassen, nicht die eigene. Wenn also ein Kunde eine Andeutung über den schlechten Service macht, dann ist dies bereits ein sehr deutlicher Hinweis auf einen möglichen Ursprung des Problems.

Übung: Beschwerden mit dem 3P-Modell analysieren

Lesen Sie nun erneut die Situationsbeschreibungen auf Seite 30 und versuchen Sie, die Probleme zu erkennen und sie den drei Bereichen zuzuordnen anhand der gegebenen Informationen.

	Person	Produkt	Prozess
Erster Fall: Herr Breidenich			
Zweiter Fall: Frau Gunder			
Dritter Fall: Frau Fischbach			

Lösung zur Übung

Nach den vorgeschlagenen Kriterien der Beschwerdebeschreibung stelle ich nun dar, welche Informationen die Gesprächspartner in den drei Fällen hätten aufnehmen können. Zudem halte ich das Resultat der Beschwerden fest.

	Person	Produkt	Prozess	Resultat
Erster Fall: Herr Breidenich	Spricht unfreundliche Vermittlung an. (Unfreundlichkeit)	Gerät funktioniert nicht. (Qualität)	Rechnung trotz Rücksendung erhalten. (Geschwindigkeit) Mehrfach verbunden, bis richtiger Ansprechpartner gefunden war. (Umständlichkeit)	Situation am Telefon gelöst.
Zweiter Fall: Frau Gunder	Bedankt sich nicht und wirkt nicht erleichtert. (Hinweis auf Unfreundlichkeit)	Gerät funktioniert nicht. (Qualität)		Situation am Telefon gelöst.
Dritter Fall: Frau Fischbach		Kundin bemängelt, dass sie das Gerät lange nicht nutzen kann. (Geschwindigkeit)	Gerät funktioniert zunächst. Nach erneuter Inbetriebnahme allerdings nicht mehr. (Qualität)	Situation vor Ort gelöst. Kleines Problem.

Ergebnisse

Die Beispiele zeigen, welche Probleme bei den drei Fällen in den einzelnen Bereichen bestehen und angegangen werden können:

- ❖ *Person:* Bei der Entgegennahme von Beanstandungen tritt wiederholt Verärgerung bei den Kunden auf.
- ❖ *Produkt:* Beim Produkt wird auffällig häufig die Qualität bemängelt.
- ❖ *Prozess:* Es gibt mehrere interne Prozesse, deren Umständlichkeit zu Beanstandungen führen. Langsame Reaktionen rufen zusätzliche Verärgerung hervor.

Erkenntnisse

Es gibt mehrere Ansatzpunkte, um die Probleme aus der Welt zu schaffen und um zukünftige Beschwerden zu verhindern. Außerdem wird ersichtlich, dass bei der Beschwerdebearbeitung neue Probleme in anderen Bereichen entstehen können, die das Ausgangsproblem kaschieren bzw. verstärken.

Für Ihr betriebliches Beschwerdemanagement können Sie folgende Erkenntnis festhalten: Sie müssen auf die Beanstandungen wirklich reagieren, einseitige Standardprozeduren, wie beispielsweise der beliebte Warengutschein, werden kaum das Wiederauftreten vergleichbarer Beschwerden verhindern. Gleiches gilt für Maßnahmen, die von anderen Unternehmen kopiert und unabhängig von den unternehmensinternen Prozessen, der eigenen Unternehmenskultur und den Gepflogenheiten der eigenen Branche implementiert werden. So lässt sich kein nachhaltiger Erfolg erzielen.

Defizite ausgleichen

So wie in unserem Beispiel wird es häufig sein: das Ergebnis der Beschwerdeanalyse zeigt Defizite in mehreren Bereichen auf. Das ist jedoch weniger dramatisch, als es zunächst den Anschein hat. Beim Erwerb eines Produktes nimmt erfahrungsgemäß jeder Kunde Defizite in Kauf. Die Bereitschaft hierzu wächst noch, wenn der Eindruck entsteht, dass ein Manko durch andere Stärken mehr als ausgeglichen wird.

Jeder von uns hat sicherlich schon mehrmals über einen unfreundlichen Verkäufer (Person) hinweggesehen oder große Mühen auf sich genommen

(Prozess), um in den Besitz eines Produktes zu gelangen. Das Produkt selbst hatte ein gesteigertes Begehren ausgelöst und erhöhte Leidensfähigkeit erzeugt. Auf der anderen Seite kann ein großartiger Service, also eine herausragende Leistung im Bereich Person, dazu führen, dass Qualitätsabstriche beim Produkt hingenommen werden oder über die Mühen beim Erwerb des Produktes (Prozessbereich) hinweggesehen wird. Sicher kann fast jeder bestätigen, schon einmal ein Produkt erworben zu haben, weil er sehr gut beraten wurde. Dies kann sogar so weit gehen, dass durch den exzellenten Service eine Art Kaufverpflichtung entsteht. Auch im Bereich Prozess gibt es solche Kompensationseffekte: Einige Unternehmen prosperieren gerade aufgrund ihrer besseren und in der Regel schnelleren Vertriebswege. Die Vorteile, die der Kunde dadurch gewinnt, entschädigen für Schwächen in der Kundenorientierung (Person) oder Qualität (Produkt), solange bestimmte Grenzwerte nicht unterschritten werden.

Herr Stratmann bucht seit Jahren seine Individualreisen im Reisebüro »Sonnenschein«. Er genießt die freundliche Behandlung von Herrn Buck und schätzt dessen Kompetenz (Person).

Dafür nimmt er gerne in Kauf, warten und erst einen Termin vereinbaren zu müssen (Prozess). Auch Preisvorteile anderer Reisebüros (Produkt) wiegen den Vorteil nicht auf, der ihm durch die besondere Behandlung, die kompetente Beratung und die stets reibungslose Reisebuchung geboten wird.

Exkurs: Das Geheimnis der Marktführerschaft

Auf der Suche nach den entscheidenden Faktoren für die Marktführerschaft eines Unternehmens haben die Wissenschaftler Treacy und Wiersema (1993) drei zentrale Bereiche herausgearbeitet: *Betriebliche Spitzenleistung, Nähe zum Kunden* und *Produktführerschaft*. Dies erscheint bemerkenswert im Hinblick auf unsere drei P Person, Produkt und Prozess. Marktführende Unternehmen haben sich nachweislich darauf konzentriert, auf einem dieser Felder unangefochten Vorbildliches zu leisten und ihre Kunden zu begeistern. Es ist also nicht notwendig, in jeder Hinsicht meisterlich zu sein. Im Gegenteil: Spitzenpositionen werden erreicht durch Brillanz auf einem Gebiet bei mindestens durchschnittlichen Leistungen in den anderen Bereichen.

Fokussiertes Beschwerdemanagement

Die Tatsache, dass Kunden bereit sind, Schwächen in Kauf zu nehmen, wenn diese durch eine Spitzenleistung aufgewogen werden, sowie die Forschungsergebnisse zu den Erfolgsfaktoren der Marktführerschaft legen nahe, im eigenen Beschwerdemanagement ebenfalls eine Fokussierung vorzunehmen. Optimieren Sie Ihren Umgang mit Beschwerden unter Effizienzgesichtspunkten und setzen Sie Ihre Energien systematisch und zielgerichtet ein. Beschwerdemanagement kann also mit kalkuliertem Risiko betrieben werden. Doch Vorsicht! Kunden akzeptieren Schwächen immer nur so lange, bis sie eine Alternative wahrnehmen.

Finden Sie heraus, in welchem Bereich (Person, Produkt oder Prozess) am wenigsten Beschwerden anfallen. Können dort im Sinne einer Integration des Beschwerdemanagements mit anderen Unternehmensstrategien (vgl. Kapitel 7) durch vergleichsweise geringe Anstrengungen weitreichende Verbesserungen erzielt werden? Das Bestreben, in allen Bereichen um jeden Preis Beschwerdeursachen zu beseitigen, birgt die Gefahr, sich in zusammenhanglosen Einzelstrategien zu verzetteln. Deshalb ist eine fokussierte Strategie unbedingt vorzuziehen. Untersuchungen bei serviceorientierten Unternehmen haben genau dies bestätigt (Müller/Riesenbeck 1991). Unerlässlich für die Wettbewerbsfähigkeit bleibt allerdings ein mittleres Leistungsniveau in allen Bereichen.

Diese Überlegungen sollen verdeutlichen, dass jedes Unternehmen unter Berücksichtigung der eigenen Situation und Kapazitäten effektive Lösungen finden kann.

Analyseschritt 2: Problemursachen identifizieren

Wie Sie gesehen haben, konnten Sie mit Hilfe des 3P-Modells die bestimmenden Problembereiche für unsere Beispielbeschwerden herausarbeiten. Dabei stellte sich heraus, dass verschiedene Probleme existierten und gelöst werden mussten. Sie konnten allerdings auch feststellen, dass die Qualität des Produktes in allen drei Fällen eine Rolle spielte. Darum lohnt es sich, hier genauer hinzusehen. Vielleicht haben wir es mit unterschiedlichen Auswirkungen ein und derselben Ursache zu tun. Ursachen aufzudecken ist das Ziel des zweiten Analyseschrittes.

Die Problemursache in unserem Beispiel

Im Fall unserer Beispiele wurde dann auch dem Qualitätsproblem nachgegangen. Dabei stellte sich heraus, dass die Produkte in jedem Fall das Unternehmen in einwandfreiem Zustand verließen. Genauere Nachfragen bei einigen Kunden förderte schließlich den Grund für das Nicht-Funktionieren der Geräte zu Tage: Die Gebrauchsanweisung wies einen kleinen, aber entscheidenden Fehler auf. Kunden, die das Vorgängermodell kannten, schenkten der Gebrauchsanweisung in der Regel keine Beachtung. Sie verfuhren mit dem neuen Gerät so, wie sie es vom alten gewohnt waren und hatten keine Schwierigkeiten. Probleme traten fast ausschließlich bei Neukunden auf. Sie zogen die Gebrauchsanweisung zu Hilfe und hatten die beschriebenen Schwierigkeiten. Bei der Frau im dritten Fall funktioniert das Gerät erst dann nicht, als sie bei der zweiten Inbetriebnahme die Bedienungsanleitung zu Rate zog. Ein kleiner Druckfehler war somit die Ursache der verschiedenen Probleme.

Checkliste: Elf typische Problemfelder im Servicebereich

Während im Produktionsbereich eines Unternehmens die Probleme und ihre Ursachen so individuell sind, dass die Erarbeitung allgemein gültiger Lösungsstrategien unmöglich ist, existieren im Servicebereich einige typische Probleme, die quer durch alle Branchen immer wieder zu Beanstandungen führen. In den Kategorien des 3P-Modells gesprochen, handelt es sich um Probleme im Zusammenhang mit Personen und Prozessen.

Sie können diese Probleme ohne intensive Analyse angehen und ihre Ursachen beseitigen, indem Sie als ersten Schritt das Schema REKLAMATION anwenden. Es zeigt elf typische Problemfelder auf.

R-E-K-L-A-M-A-T-I-O-N steht für

Das Schema REKLAMATION

R Regeln
E Ehrlichkeit
K Keine falschen Versprechungen
L Lösungsorientiert kommunizieren
A Antizipation: Kundenbedürfnisse und Problemzonen einschätzen
M Machtkämpfe vermeiden
A Analyse von Beanstandungen
T Toleranz gegenüber Mitarbeitern
I Innovationspotenzial nutzen
O Ohnmacht durch Vollmacht ersetzen
N Netzwerke aufbauen

Die Beschwerdekultur im eigenen Unternehmen kann nur dann nachhaltig verbessert werden, wenn Unternehmensführung und verantwortliche Mitarbeiter gemeinsam an dieser Kultur arbeiten (s. Kapitel 7). Mit dem Schema REKLAMATION können Sie eine Schnell-Analyse Ihrer bestehenden Beschwerdekultur vornehmen und die Bereiche ausmachen, an denen Sie im eigenen Unternehmen arbeiten können (vgl. Hart 1991; Nagel 1993).

- ❖ **Regeln:** Legen Sie genaue Regeln der Beschwerdebehandlung fest.
  Unklarheit im Umgang mit Beschwerden verunsichert Mitarbeiter und verärgert Kunden. Klassifizieren Sie mögliche Probleme, entwickeln Sie Bearbeitungsstrategien und legen Sie Verantwortlichkeiten fest.

- ❖ **Ehrlichkeit:** Gestehen Sie Fehler ein.
  Schuldzuweisungen und die Unfähigkeit, Fehler einzugestehen, machen die Situation nur noch schlimmer. Folgeprobleme sind vorprogrammiert. Daher ist es wichtig, begangene Fehler auch zuzugeben. Kunden verstehen dies in der Regel, da sie selbst auch nicht perfekt sind. Und wie heißt es so schön: Irren ist menschlich!

- ❖ **Keine falschen Versprechungen:** Hüten Sie sich davor, falsche Erwartungen zu wecken.
  Hüten Sie sich davor, Erwartungen zu wecken, denen Sie nicht gerecht werden können. Vollmundige Versprechungen sind gut – wenn sie eingehalten werden. Ansonsten fällt die Enttäuschung um ein Vielfaches größer aus. Beeindrucken Sie durch unerwartete Leistungen, anstatt gesteigerte Erwartungen zu enttäuschen!

- ❖ **Lösungsorientiert kommunizieren:** Begleiten Sie die Kunden bis zur Problemlösung.
  Arbeiten Sie konsequent auf Lösungen hin. Bei der Suche nach Ursachen sollten Sie niemals das Bedürfnis des Kunden nach der konkreten Lösung seines Problems aus den Augen verlieren. Vermitteln Sie Ihrem Kunden bereits durch Ihre Art der Ansprache, dass Sie alles daran setzen, sein Problem aus der Welt zu schaffen. (Verweisen Sie ihn keinesfalls auf eine Bedienungsanleitung oder auf seine eigene Kreativität.

- ❖ **Antizipation:** Versuchen Sie, Kundenbedürfnisse und mögliche Problemzonen frühzeitig zu erahnen.
  In dem Maße, in dem Sie sich in Ihre Kunden hineinversetzen, werden Sie voraussehen, welche Schwierigkeiten auf Sie zukommen können. Aktivieren und nutzen Sie alle Informationen, die Sie über Ihre Kunden erhalten. Werten Sie Beanstandungen konsequent aus und beseitigen Sie die Problemursachen möglichst rasch.

- ❖ **Machtkämpfe vermeiden:** Sie produzieren nur Verlierer.
  Ein Denken in Gewinner-Verlierer-Kategorien ist bei der Erarbeitung von Problemlösungen fehl am Platz. Beim Ringen um das bessere Argument oder die schlagfertigste Reaktion lassen sich nur vordergründig Punkte sammeln. Am Ende verliert meist das Unternehmen – nämlich die Kunden. Gewinnen Sie den Kunden, indem Sie dafür sorgen, dass er gewinnt.

❖ **Analyse von Beanstandungen:** Setzen Sie sich intensiv damit auseinander.

Eine gezielte Auseinandersetzung mit immer wiederkehrenden Beschwerden und Reklamationen bietet die Möglichkeit, Vorkehrungen zu treffen, um ein weiteres Auftreten in der Zukunft zu vermeiden.

❖ **Toleranz gegenüber Mitarbeitern:** Sie müssen auch Fehler zulassen.

Wenn Mitarbeiter damit rechnen müssen, dass aus der Bearbeitung einer Beschwerde persönliche Nachteile entstehen könnten, engagieren sie sich nicht außerordentlich und setzen sich nicht immer für den Kunden ein. Natürlich können Fehler gemacht werden, die das Unternehmen Geld kosten, indem beispielsweise ein Kunde ohne wirklichen Ersatzanspruch ein neues Gerät erhält. Dennoch sollte das Anliegen des Kunden im Mittelpunkt stehen. Das Unternehmen sollte also Anreize schaffen, Beschwerden bestmöglich im Sinne von Kunde und Unternehmen zu bearbeiten, statt Anreize zu Vermeidungsverhalten zu liefern.

❖ **Innovationspotenzial nutzen:** Verwerten Sie Beschwerden positiv.

Jede Beanstandung birgt Informationen darüber, wie die eigene Arbeit, Produkte, Prozesse etc. verbessert werden können. Dieses Innovationspotenzial sollten Sie nutzen. Erkennen Sie diese Chance, dann können Sie zudem künftigem Ärger vorbeugen. Wenn Sie außerdem bedenken, dass auf jede offen geäußerte Beschwerde circa 20 ungeäußerte Beschwerden kommen, dann können Sie abschätzen, wie sehr sich diese Arbeit lohnt.

❖ **Ohnmacht statt Vollmacht:** Machen Sie Mitarbeiter handlungsfähig.

Mitarbeiter, die Beschwerden bearbeiten, müssen Handlungsvollmacht besitzen. Denn ohne Spielräume und Befugnisse, eigene Entscheidungen zu treffen und Probleme zu lösen, wirkt selbst ein freundlicher und kompetenter Mitarbeiter hilflos und das Beschwerdemanagement schwach. Letztlich führt dies zu unnötiger Frustration und Mehrarbeit.

❖ **Netzwerke aufbauen:** Fördern Sie den Informationsfluss.

In den meisten Unternehmen sind die Personen, die Beschwerden bearbeiten, weder für das Entstehen des Problems verantwortlich noch sind sie allein für die Lösung zuständig. Oft vermitteln sie nur. Deshalb ist der Informationsfluss zwischen ihnen und den anderen beteiligten Abteilungen von großer Wichtigkeit.

Analyseschritt 3: Folgeprobleme erkennen und vermeiden

Ein erneuter Blick auf die nach dem 3P-Modell analysierten Beschwerdebeispiele zeigt uns, dass ein Teil der Verärgerung der Kunden erst entsteht, nachdem diese ihre Beschwerde vorgetragen haben. Dies passiert leider häufig. Einer Untersuchung (Hart et al. 1991) zufolge verstärken nicht weniger als die Hälfte aller Beschwerdebearbeitungen noch den Ärger der Kunden. Meist sieht der tragische Ablauf wohl so aus: ein Kunde ärgert sich über Beratung, Produkt oder Service und ringt sich dazu durch, sich zu beschweren. Dann jedoch muss er erleben, dass sich niemand verantwortlich fühlt, die Behandlung unfreundlich ist oder dass er viel zu viel Zeit aufwenden muss, während sich immer noch keine Lösung des Problems abzeichnet.

Doch etwas ist in jedem Fall geschehen: Folgeprobleme sind entstanden, die den Ärger des Kunden möglicherweise um ein Vielfaches gesteigert haben. Dies beeinflusst sein weiteres Verhalten. Eine erfolgreiche Bearbeitung der Beschwerde wird immer schwieriger, da das Problem nun aus unterschiedlichen Problemen auf mehreren Ebenen besteht, die sich oft gegenseitig überdecken und verzerren.

Um mit Folgeproblemen angemessen umzugehen, ist ein weiterer Analyseschritt erforderlich. Fest steht: Diese beziehen sich immer auf Personen und/oder auf Prozesse, niemals auf das Produkt, denn sie entstehen erst während des Bearbeitungsvorgangs. Für ein wirkungsvolles Beschwerdemanagement bedeutet das, sich zunächst darauf zu konzentrieren, diese Folgeprobleme zu minimieren. Das heißt also ganz konkret:

❖ Es muss sichergestellt werden, dass die Personen, die Beschwerden und Reklamationen entgegennehmen, kompetent sind. Sie sind mit den Produkten vertraut, verfügen über wichtige Entscheidungsbefugnisse und können souverän und zuvorkommend mit den Kunden kommunizieren.
❖ Der Informationsfluss geht reibungslos auf kurzen Wegen vonstatten.

Um dies sicherzustellen, können Sie eine ganze Reihe von Maßnahmen durchführen, auf die wir später noch im Einzelnen zu sprechen kommen werden. Hier nur drei Beispiele: Verhaltens- und Prozessregeln aufstellen, Mitarbeiterschulungen zur Verbesserung der kommunikativen Fähigkeiten durchführen oder Beschwerdemöglichkeiten und -wege für die Kunden transparent machen.

Folgeprobleme in unserem Beispiel

Wenn wir in unserem Beispiel die Folgeprobleme von den Problemen trennen, die ursprünglich zugrunde lagen, so ergibt sich folgendes Bild:

	Ursprünglicher Reklamationsanlass	Kernproblem	Folgeprobleme
Person			❖ Unfreundliche Vermittlung ❖ Unfreundlichkeit ❖ Herablassende Behandlung
Produkt	❖ Rechnung trotz Rücksendung erhalten. ❖ Produkt funktioniert nicht. ❖ Produkt funktioniert zunächst, nach erneuter Inbetriebnahme jedoch nicht mehr.	Gebrauchsanweisung	
Prozess			Zeitraubende Weitervermittlung am Telefon. Kundin bemängelt, dass sie das Gerät so lange nicht nutzen können wird.

Beispiel, wie das Unternehmen JAKO-O sich zur Kundenorientierung verpflichtet, um aus Beschwerden lernen zu können

Testen Sie uns! ... Testen Sie uns! ... Testen Sie uns! ... Testen Sie uns! ...

Wir wollen das höchste Gütesiegel- Ihre Zufriedenheit!

Telefonischer Kontakt zu uns   **Bitte ankreuzen!**

Wartezeit am Telefon ? . . . . ☺ 😐 ☹

Freundlichkeit am Telefon ? . . . . ☺ 😐 ☹

Kompetenz am Telefon ? . . . . ☺ 😐 ☹

War die gewünschte Ware verfügbar? . . . . ☺ 😐 ☹

Lieferzeit

4 Tage nach Auftragseingang (bei verfügbarer Ware) ? . . . . ☺ 😐 ☹

Eilservice innerhalb 2 Tagen ? . . . . ☺ 😐 ☹

War die Lieferung vollständig und korrekt? . . . . ☺ 😐 ☹

Bei Anfragen und Reklamationen

Antwort innerhalb 3 Tagen? . . . . ☺ 😐 ☹

Wie können wir Ihre Erwartungen noch besser erfüllen? . . . .
. . . .

Als **Dankeschön**

für Ihre Angaben unterstützen wir das Projekt „Kinderhäuser BLAUER ELEFANT". Wir stellen dem Deutschen Kinderschutzbund 100.000 DM zur Verfügung, wenn bis Juli 2000 mindestens 100.000 Beurteilungsbögen bei uns eingetroffen sind. Also, machen Sie mit bei einer Aktion, die sich für alle lohnt!

Wenn Sie mehr über das Projekt „Kinderhäuser BLAUER ELEFANT" und den Deutschen Kinderschutzbund erfahren möchten, können Sie unter folgender Adresse Informationen anfordern:

Deutscher Kinderschutzbund
Bundesverband e.V.
Schiffgraben 29
30159 Hannover
www.dksb.de

DEUTSCHER KINDERSCHUTZBUND EV (DKSB)

Kunden-Nr.

Name/Vorname

Straße/Haus-Nr.

PLZ/Ort

Tel.-Nr.

Datum

Kapitel 3
Bausteine zur Bearbeitung von Beschwerden

In diesem Kapitel lernen Sie Bausteine kennen, deren Beherrschung für eine erfolgreiche Beschwerdebehandlung grundlegend ist. Erfolgreich bedeutet dabei, dass Sie sowohl Ihre Kunden zufrieden stellen als auch selbst zufriedener mit Ihren Ergebnissen sein werden.

Das Kapitel im Überblick

❖ Baustein 1: Sieben Grundprinzipien zur Beschwerdebearbeitung

❖ Baustein 2: Die Schuldfrage ausgrenzen

❖ Baustein 3: Kompetentes Zuhören

❖ Baustein 4: Emotionale Unabhängigkeit

❖ Baustein 5: Mentale Unabhängigkeit

❖ Baustein 6: Zielorientierung

❖ Baustein 7: Menschenkenntnis

Baustein 1: Sieben Grundprinzipien zur Beschwerdebearbeitung

»Alle reden vom Lernen, aber niemand tut etwas dagegen!«

Bei der Bearbeitung von Beschwerden gibt es einige Richtlinien, die sich allgemein bewährt haben (vgl. Hart et al. 1991; Barlow/Moller 1996). Ich möchte sie Ihnen hier in Form von Grundprinzipien vorstellen. Nehmen Sie sie zunächst als Orientierungshilfe. Später werden wir einige von ihnen gezielt wieder aufgreifen und mit konkreten Umsetzungstipps versehen, um Ihnen den praktischen Einsatz zu erleichtern.

Die folgenden sieben Grundprinzipien sollten Sie bei der direkten und bei der schriftlichen Bearbeitung von Beschwerden grundsätzlich beachten.

❖ Werden Sie persönlich!
❖ Reagieren Sie schnell!
❖ Handeln Sie unmissverständlich und verbindlich!
❖ Finden Sie vollständige und großzügige Lösungen!
❖ Achten Sie auf das *Wie* der Beschwerdebearbeitung!
❖ Nehmen Sie jede Beschwerde ernst!
❖ Erwarten Sie kein Lob!

Werden Sie persönlich!

Dieser, im ersten Moment etwas provokant anmutenden Aufforderung liegt die Erfahrung zugrunde, dass viele Unternehmen Beschwerden allzu bürokratisch handhaben. Insbesondere der Versuch, auf dem Schriftweg eine unkomplizierte und vor allem schnelle Beschwerdebeseitigung zu erreichen, hat kaum Erfolg. Ein standardisierter Entschuldigungsbrief, möglicherweise sogar ohne persönliche Unterschrift, und ein kleiner Warengutschein sollen den enttäuschten Kunden besänftigen. Vielleicht bringt man so den Beschwerdeführer zum Schweigen, zufrieden stellen wird man ihn kaum. Was sich im ersten Moment als eine leicht praktizierbare Universallösung darstellt, trifft selten das wirkliche Bedürfnis der unzufriedenen Verbraucher. Arbeitet ein Unternehmen mit Standardbriefen (s. Kapitel 6, S. 133), dann sollten diese in jedem Fall durch kleine Veränderungen auf den einzelnen Kunden zugeschnitten werden. Die persönliche Kontaktaufnahme durch einen kompetenten Kundenbetreuer kommt allerdings den Bedürfnissen der meisten Kunden weitaus näher. Sie setzt aber ein höheres Maß an Mut und sozialer Kompetenz voraus. Persönlich zu werden beginnt bereits damit, am Telefon deutlich seinen Namen zu nennen, sodass der Gesprächspartner weiß, wer der Ansprechpartner ist. Persönlich zu werden kann auch bedeuten:

❖ Schwerwiegende Fälle zur Chefsache machen.
❖ Persönlich zu erscheinen (je nach Branche), um sich zu entschuldigen.
❖ Die Initiative ergreifen und den Beschwerdeführer direkt anrufen, anstatt schriftlich zu kommunizieren.

Reagieren Sie schnell!

Die Reaktionsgeschwindigkeit auf eine Beschwerde ist für den Kunden ein direkt erkennbares Signal, wie wichtig das Unternehmen sein Anliegen nimmt. Eine schnelle Reaktion überrascht die meisten Kunden positiv. Einige Unternehmen bestätigen deshalb den Eingang jeder Beschwerde noch am selben Tag. Der positive Effekt: In vielen Fällen schafft dies bereits die Basis für eine unkomplizierte und zufrieden stellende Lösung und beugt Folgebeschwerden vor. (vgl. Kapitel 2, S. 44)

Sie kennen es sicherlich aus Ihrer eigenen Erfahrung als Kunde: Eine hohe Reaktionsgeschwindigkeit bewirkt eine positive Grundhaltung, die aus der Überraschung resultiert. Nutzen Sie dies. Hier liegt eine große Chance für die erfolgreiche Beschwerdebearbeitung. Denn: Eine überraschend schnelle Beschwerdebehandlung unterbricht den Entstehungs- und Verdichtungsprozess unerwünschter Einstellungen gegenüber dem Unternehmen.

Handeln Sie unmissverständlich und verbindlich!

Nur wenn klare interne Vereinbarungen existieren, wie mit unterschiedlichen Beschwerden verfahren wird, können sich eindeutige Servicerichtlinien etablieren, die sowohl den Mitarbeitern als auch den Kunden Verlässlichkeit bieten. McDonalds weist zum Beispiel seine Mitarbeiter an, bei Beschwerden über zu kalte Speisen grundsätzlich neue, frische Produkte auszugeben und ermöglicht so den Mitarbeitern, sicher und souverän zu handeln (vgl. Hart et. al. 1991). Solche klaren Vorgaben schaffen Standards, die jedem Mitarbeiter bei der Beschwerdebehandlung Sicherheit in der Vorgehensweise bieten. Zudem werden alle Kunden gleich behandelt. Das ist sehr wichtig. Stellen nämlich zwei Kunden fest, dass sie in vergleichbaren Situationen unterschiedlich behandelt worden sind, so wird dies häufig als Anzeichen mangelnder Professionalität des Unternehmens wahrgenommen. Mitarbeiter, die mit Kunden und Beschwerden in Kontakt kommen, sollten daher die Richtlinien kennen und bei Bedarf einfordern bzw. mitgestalten.

Achten Sie auf eine vollständige und großzügige Lösungsfindung

Barlow und Møller (1996) berichten vom »Fall der abgefahrenen Reifen«, der der Firma Nordstrom eine enorme Publicity brachte. Der Geschichte zufolge wurde einem Kunden, der um »Refundierung« seiner abgefahrenen Reifen bat, ohne Widerspruch der volle Kaufpreis erstattet. Die Pointe: Nordstrom verkauft keine Reifen. Der Fall, dessen Wahrheitsgehalt schwer nachzuprüfen ist, zierte mehrere amerikanische Titelblätter, tauchte in etlichen Büchern auf (so wie in diesem), wurde in zahllosen Vorträgen verbreitet. Es ist wahrscheinlich nicht erforderlich zu erwähnen, dass sich die »Investition« wirklich bezahlt gemacht hat.

Dieses Beispiel soll zeigen, dass Großzügigkeit bei der Beschwerdebehandlung nicht nur auf vordergründige Kosten achtet. Es zeigt auch, was es heißen kann, Beschwerdemanagement vollständig ernst zu nehmen. Die Wirkung, die durch die Propaganda eines zufriedenen Kunden – genau wie die eines enttäuschten Kunden – erreicht werden kann, kann unabsehbare positive oder negative Schneeballeffekte auslösen. Deshalb muss Ihr Ziel sein, das Problem des Kunden zu lösen und ihn zufrieden zu stellen. Es gilt das Prinzip »Ganz oder gar nicht«. Das Letzte, worum es geht, ist das routinemäßige Durchlaufen eines vorgegebenen Bearbeitungsprozesses.

Achten Sie auf das Wie der Beschwerdebearbeitung

Die Kultur der Beschwerdebehandlung ist in einem großen Maß daran ausgerichtet, was der Kunde als Wiedergutmachung erhält: Warengutscheine, Ersatzleistungen und großzügige Preisnachlässe usw. Selten jedoch wird bedacht, was der Kunde als Leistung wahrnimmt. Die entscheidende Variable beim Umgang mit Beanstandungen ist nämlich das Wie. Es ist wesentlich wirkungsvoller, die Beschwerdebearbeitung zu optimieren als ein wertvolles Entschädigungspräsent zu wählen. Wichtig sind Fragen wie: Wie sollten die Mitarbeiter mit den Kunden umgehen? Wer ist besonders geeignet für den Kontakt zum Kunden? Wie kann die Bearbeitungszeit verkürzt werden? Viele der hier vorgestellten Strategien sollen – auch aus Kostengründen – zu Kreativität ermutigen. Es geht um eine effektive, differenzierte Beschwerdebehandlung, die aus mehr als zwei Standardmaßnahmen besteht.

Nehmen Sie jede Beschwerde ernst!

Wenn sich ein Kunde beschwert, dann ist dies ein Ausdruck seiner persönlichen Wahrnehmung des Produktes, der Personen oder der Prozesse eines Unternehmens. Auch wenn sich der Sachverhalt Ihrer Meinung nach anders darstellt und sogar objektive Tatsachen dafür sprechen: Nehmen Sie die Darstellung ernst! Erkennen Sie sie als das an, was sie ist: die Wirklichkeit des Kunden. Dies bedeutet aber nicht, dass Sie sich diese Sicht zu eigen machen. Es erleichtert Ihre Arbeit, wenn Sie diese Wirklichkeit akzeptieren. Sie zeigen damit, dass Sie den anderen als Menschen und in der Sache ernst nehmen. Dann werden Ihre guten Argumente Ohr finden und die Sicht des anderen erweitern. Wie genau Sie das machen, das erfahren Sie ab Seite 57.

> »Der Kunde ist König. Und ich bin Kaiser.«

Erwarten Sie kein Lob

Bei der Bearbeitung von Beschwerden erfolgt nicht auf jede erfolgreiche Problemlösung das Lob und die Anerkennung, die man eigentlich verdient hätte. Die fehlende Bestätigung kann bei den Mitarbeitern, die Beschwerden bearbeiten, zu Motivationsverlust führen. Schlimmstenfalls stellen sie den Sinn ihres Verhaltens in Frage.

Um dem vorzubeugen sollten Sie grundsätzlich davon ausgehen, dass eine gute Beschwerdebearbeitung von den Kunden als solche erkannt wird. Warum bleibt aber die positive Reaktion aus? Dies hängt mit einigen psychologischen Barrieren zusammen, auf die wir noch zu sprechen kommen werden (s. S. 61). Beziehen Sie daher konsequenterweise Ihre Bestätigung und Motivation aus der Tatsache, dass Sie optimale Lösungen finden, unabhängig davon, welche konkreten Reaktionen dies bei Ihren Kunden bewirkt.

Übung: Wie steht es mit der Beschwerdeorientierung?

Beurteilen Sie, wie Sie selbst Beschwerden bearbeiten. Nutzen Sie die folgende Checkliste. Kreuzen Sie an, wie viele Punkte Sie bereits umsetzen. Sie können diese Übung als Selbsttest durchführen oder jemanden beauftragen, Sie einzustufen.

	Nein	Ja
Persönliche Ansprache		
Ich löse Probleme im persönlichen Gespräch, auch wenn es schwer fällt.		
Ich nehme mich des Problems des Kunden persönlich an und gebe die Bearbeitung erst weiter, wenn es gelöst ist.		
Reaktionsgeschwindigkeit		
Beschwerden bleiben bei mir nicht lange liegen. Ihre Bearbeitung hat bei mir immer höchste Priorität.		
Kunden hat es schon öfter überrascht, dass ich so schnell auf eine Reklamation oder Beschwerde reagiere.		
Verbindlichkeit		
Es gibt klare Richtlinien, an denen ich mich bei der Bearbeitung von Beschwerden orientiere.		
Ich behandle alle Kunden gleich, auch wenn mir einige sympathischer sind als andere.		
Vollständigkeit		
Ich versuche nicht, den Kunden rasch abzuwimmeln.		
Ich verabschiede mich von einem Kunden immer freundlich.		
Rahmenbedingung		
Ich achte auf meine Sprache, meine Stimme und Körperhaltung, wenn ich eine Beschwerde bearbeite.		
Ich lasse mich bei der Entgegennahme einer Beschwerde oder Reklamation nicht beirren. Ich bleibe hilfsbereit.		
Ernsthaftigkeit		
Wenn sich ein Kunde beschwert, versuche ich zu verstehen, was das eigentliche Problem ist, und wie es sich vermeiden ließe.		
Der Kunde hat das Recht, sich zu beschweren, und in der Regel hat er auch einen Grund dazu.		
Emotionale Unabhängigkeit		
In der Regel erwarte ich von Kunden kein Lob für meine Bemühungen. Ich lobe mich selbst, wenn es gut läuft.		
Ich freue mich über Verständnis, Entgegenkommen und Lob des Kunden und bedanke mich dafür.		
Jedes Ja ist ein Punkt für Sie!		

Baustein 2: Die Schuldfrage ausgrenzen

Bei der Bearbeitung von Beschwerden steht die Schuldfrage immer latent im Raum. Das ist verständlich: Denn es gibt ein Problem, das die Beschwerde oder die Reklamation verursacht hat, also muss es doch auch einen Verantwortlichen geben. Aber ganz so einfach verhält es sich selten. Oft genug ist es unmöglich, einen allein Verantwortlichen zu finden. Häufig verursachen Rahmenbedingungen Probleme, die nicht ad hoc zu beseitigen sind. Am wichtigsten ist deshalb: Lassen Sie sich nicht auf eine Diskussion der Schuldfrage ein, denn sie trägt kaum zur Lösung des Problems bei. Ganz im Gegenteil: Sie können etliche Probleme vermeiden, wenn Sie dieses Thema geschickt umgehen.

Lernen Sie, Schuldzuschreibungen zu vermeiden

Die Ursache, die die Verärgerung eines Kunden auslöst, kann vielfältig sein: Er kann sich über die Person ärgern, die die Beschwerde entgegennimmt, er kann sich über sich selbst ärgern, über das Produkt oder die Dienstleistung, die er erworben hat, über die Rahmenbedingungen beim Erwerb oder im Moment … – So vielfältig die Ursachen sind, die Schuldzuschreibungen auslösen, sie lassen sich in der Regel auf folgende vier Faktoren reduzieren.

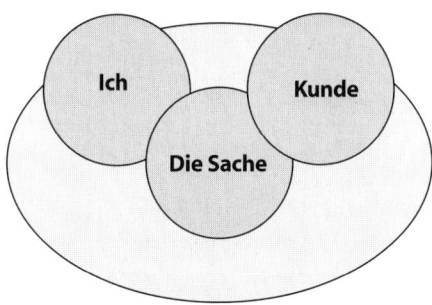

Rahmenbedingungen

Es liegt in der Natur des Menschen, komplexe Problemursachen zu vereinfachen. Menschen, und das heißt konkret Sie als Beschwerdebearbeiter und der Kunde, sind die beiden Faktoren, die in erster Linie verantwortlich gemacht werden. Da der Kunde sich beschwert, bleiben nur Sie übrig.

Gehen Sie daher zunächst einmal davon aus, dass sich die Beschuldigungen und Vorwürfe nicht auf Sie persönlich beziehen. Wenn Sie nämlich diese auf sich beziehen, dann sind Sie bereits in die erste Falle getappt: Sie haben die Distanz verloren, um mit kühlem Kopf eine sachbezogene und zufrieden stellende Lösung zu finden.

Dann passiert es leicht, dass die Schuld zurückgegeben wird. Es wird also der Beschwerdeführer beschuldigt. Dies ist die zweite Falle: Sie gehen auf Konfrontationskurs und machen so eine kooperative Lösungsfindung unmöglich. All das passiert Ihnen nicht, wenn Sie konsequent bei der Klärung der Sachlage bleiben, sich auf keine Diskussionen einlassen und selber keine Schuldzuweisungen vornehmen.

Die Lösung: Das Harvard-Konzept

Das Harvard-Konzept (Fisher/Ury/Patton 1997) basiert auf dem wichtigen Grundsatz: Menschen und Probleme getrennt voneinander zu behandeln. Darunter versteht man, dass es sich für das erfolgreiche Verhandeln bewährt, die persönliche Beziehung zum Verhandlungspartner und die Klärung der Sachfrage getrennt zu betrachten und zu bearbeiten. Das bedeutet also, dass man in der Sachfrage einen völlig anderen Standpunkt vertreten kann, als es der Verhandlungspartner tut, unabhängig davon aber den Menschen achtet. Dieses Prinzip fordert dazu auf, den Menschen mit seinen Bedürfnissen nach Ansehen und Wertschätzung zu akzeptieren und zu verstehen, dass er in Systemzwänge eingebunden ist, die sein Verhalten beeinflussen.

Konkret: Menschen und Probleme getrennt behandeln

Die Trennung der Sachfrage von der Person, die die Beschwerde vorträgt, gelingt Ihnen, wenn Sie sich bewusst machen, dass eine Beschwerde letztlich nur eine Beschwerde ist. Es gilt, sachbezogene Faktoren zu prüfen und zu bedenken. Daraus ergibt sich ein sinnvolles Vorgehen, um eine Lösung herbeizuführen. Daneben gibt es die Seite der Beziehung, wie man miteinander umgeht. Versteht man, dass zu einer Beschwerde nicht nur das Recht besteht, sondern dass es geradezu ein Geschenk ist, das Erkenntnisse erlaubt, wie man wettbewerbsfähig bleibt (Barlow/Møller 1996), dann kann man auch die ein oder andere Grobheit im Verhalten verstehen.

Betrachten Sie deshalb grundsätzlich Menschen und Probleme getrennt voneinander. Sie können in einer Sachfrage eine ganz andere Meinung vertreten als ihr Gegenüber, ohne dass die Kommunikation zwischen Ihnen leiden muss. Und umgekehrt können Sie auch dann noch mit kühlem Kopf eine sachbezogene Lösung finden, wenn Sie mit dem Verhalten Ihres Gesprächspartners nicht einverstanden sind. Wenn es Ihnen gelingt, diese Trennung zu vollziehen, werden Sie zufriedener sein.

Übung: Streitgespräche beobachten

Wenn Sie fernsehen, können Sie eine Diskussion, in der kontroverse Standpunkte verteidigt werden, beobachten. Hören Sie genau zu und achten Sie auf die Gesten der Diskussionspartner. Nehmen Sie die folgende Abbildung zu Hilfe. Beobachten Sie genau: Wo suchen die Diskussionspartner die Ursachen für die angesprochenen Probleme?

Ich
Kunde
Die Sache
Rahmenbedingungen

....

....

....

....

....

Beobachten Sie genau: Wie gehen die Personen vor, um anderen Diskussionspartnern Schuld zuzuschreiben? Was tun sie, um Schuldzuweisungen abzuwehren? Machen Sie sich Notizen.

....

....

....

....

....

....

....

Erinnern Sie sich nun an das letzte private Streitgespräch, das Sie geführt haben. Rufen Sie sich ins Gedächtnis, wie das Gespräch verlaufen ist. Welche Taktiken haben Sie angewendet, um Ihrem Gesprächspartner Schuld oder Mitschuld zuzuschreiben und Schuldzuweisungen abzuwehren?

....

....

....

....

....

....

....

....

....

....

Baustein 3: Kompetentes Zuhören

Der Fähigkeit, gut zuhören zu können, wird in der zwischenmenschlichen Kommunikation großes Gewicht beigemessen. In Kommunikations-Trainings nennen die Teilnehmer in der Regel diese Fähigkeit als Qualitätskriterium eines kompetenten und angenehmen Gesprächspartners. Sosehr das gute Zuhören auch als wichtig erkannt wird, sowenig kann man es als selbstverständliche Kompetenz voraussetzen.

Geht es Ihnen nicht ebenso, dass Sie Gespräche meist unerfreulich finden, wenn Sie sich unverstanden fühlen, oder wenn Sie den anderen »einfach nicht verstehen« können? Beides hängt mit der Fähigkeit oder Unfähigkeit zuzuhören zusammen.

Schulen Sie daher Ihre Kompetenz, die unterschiedlichen Botschaften einer gesprochenen Aussage zu erfassen. Manche Menschen haben damit Schwierigkeiten, weil sie einseitige Hörgewohnheiten entwickelt haben. Das führt zu jeweils typischen Problemen. Mit diesem Baustein lernen Sie, Ihre Fähigkeit wirklich zuzuhören zu steigern und Probleme zu vermeiden, die sich aus einseitigem Zuhören ergeben.

Persönliche Hörgewohnheiten erkennen

Menschen filtern die Informationen, die sie erhalten, auf unterschiedliche Art und Weise, selbst wenn sie den gleichen Satz hören. So reagiert der eine kaum, wenn sein Kollege sagt, er suche seinen Stift, während der andere sich gleich für ein Sonder-Suchkommando rekrutiert fühlt. Unbewusst schalten wir auf einen bestimmten Empfangskanal und hören so ganz selektiv bestimmte Informationen und Botschaften, während wir andere ausblenden (Schulz von Thun 1988).

Viele Menschen sind verblüfft, wenn Sie erkennen, dass sie eine charakteristische Art ausgeprägt haben, nur Teile einer empfangenen Nachricht zu hören und anderes systematisch zu überhören.

Das Sach-Ohr
Worum geht es?
Was genau wurde gesagt?

Das Beziehungs-Ohr
Wie steht die Person zu mir?
Für wen hält sie mich?

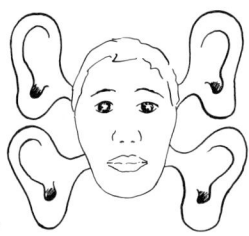

Das Selbstoffenbarungs-Ohr
Was ist das für eine Person?
Was sind ihre Beweggründe?

Das Appell-Ohr
Was will mein Gegenüber
genau von mir?
Was kann ich für ihn tun?

*Vier Empfangs-
möglichkeiten nach
Schulz von Thun*

Wer mit solch einem speziellen Ohr hört, läuft Gefahr, Aussagen anderer nicht so zu hören, wie sie gemeint waren. Kommunikationsprobleme dieser Art können Sie aber vermeiden. Für eine erfolgreiche Beschwerdebearbeitung sollten Sie feststellen, ob und welches Ohr Sie besonders ausgebildet haben und lernen dieses »auszublenden«, um ausgewogen und situationsgerecht die Beanstandungen entgegennehmen zu können.

Typische Probleme bei übersensiblen Ohren

Folgende Probleme können sich einstellen, wenn Sie übersensibel auf einzelne Botschaften einer Aussage reagieren:

Das Sach-Ohr: Sie wirken wenig einfühlsam.

Wer in erster Linie auf sachliche Informationen achtet, der überhört begleitende Botschaften. Die Zwischentöne helfen aber zu verstehen, wie das Gesagte gemeint ist. Viele Menschen ärgert es, wenn jemand jedes Wort auf die Goldwaage legt oder nicht hört, wie es gemeint ist. Es wirkt auf sie spitzfindig, distanziert, zu sachlich und wenig einfühlsam.

Das Selbstoffenbarungs-Ohr: Es besteht die Gefahr, dass Sie Unterstellungen machen.

Wer aus dem Verhalten des anderen vorschnell ableitet, was dieser für ein Mensch sein und welche Motive er haben könnte, wird schnell Opfer der eigenen Interpretationen. Solche Zuschreibungen wirken wie Unterstellungen und verärgern verständlicherweise andere Menschen, wenn sie sie bemerken.

Das Beziehungs-Ohr: Sie fühlen sich schnell angegriffen.

Mit einem ausgeprägten Beziehungs-Ohr liegen Sie ständig auf der Lauer, ob der andere sich Ihnen gegenüber zu viel herausnimmt und sich über sie stellt. Verärgerte Beschwerdeführer neigen jedoch genau dazu. Wenn Sie darauf sensibel reagieren, beschleunigen Sie eher die Eskalation, als dass Sie zur Entspannung der Situation beitragen.

Das Appell-Ohr: Sie reagieren, bevor Sie genau wissen, worum es geht.

Mit dem Appell-Ohr liegt man auf der Lauer, um sofort zu entdecken, was der andere will. Hier lauert die Gefahr, auf Signalwörter voreilig zu reagieren. Kunden verärgert dieses Verhalten, wenn sie den Eindruck gewinnen, man hört ihnen nicht richtig zu oder unterbricht sie gar. Sie haben dann den Eindruck, abgewimmelt zu werden.

Die Lösung: Ausgewogen zuhören

Ausgewogen zuzuhören bedeutet, alle Botschaften der Mitteilung zu empfangen und nicht selektiv taub oder übersensibel zu sein. Sonst provozieren Sie immer wieder typische Ärgerreaktionen auf der Kundenseite, ohne zu wissen warum.

Grundsätzlich sind in jeder Mitteilung sowohl Sach-, Selbstoffenbarungs-, Beziehungs- und Appellbotschaften enthalten. Die Kunst, mit den robusten Ohren zu hören, besteht darin, all die verschiedenen Anteile wahrzunehmen, um zu erkennen, welche Botschaft der Sprecher am stärksten betont. Dies setzt zunächst voraus, dass Sie erkennen, ob Sie eine »persönliche« Hörgewohnheit haben. Gelingt Ihnen das, dann werden die unbewussten Verzerrungen bewusst. Hiervon ausgehend können Sie den zuvor ausgeblendeten Botschaften wieder Ihr Ohr leihen.

Übung: Hörgewohnheiten erkennen

Um persönliche Hörgewohnheiten zu erkennen und »Hörschwächen« abzulegen, bewährt es sich, für eine begrenzte Zeit einmal sehr bewusst einseitig zuzuhören und entsprechend zu reagieren. Üben Sie das in Privatgesprächen hin und wieder, indem Sie sich bewusst auf ein »Ohr« konzentrieren. Wenn Sie dies hin und wieder üben, dann werden Sie sowohl bei sich selbst als auch bei anderen rasch einseitige Hörgewohnheiten erkennen. Gehen Sie bei dieser Übung aber behutsam vor, damit Sie auch weiterhin ein gern gesehener Gesprächspartner bleiben.

Übung: Der »Ohren-Test«

Ein Kunde ruft beim Service an. Er schildert im leicht verärgerten Ton sein Problem bei der Inbetriebnahme des neu erworbenen Gerätes und sagt: »… und dann hat sich die Halterung beim Drehen gelöst.«
Die folgenden Reaktionen des Kundenberaters lassen jeweils erkennen, dass ein Ohr besonders ausgeprägt ist. Finden Sie heraus, welches es ist:

1. »Wollen Sie etwa sagen, dass Sie nicht darauf hingewiesen wurden?«
2. »Sie wollen bestimmt, dass ich das Gerät umtausche?«
3. »Wahrscheinlich sind Sie zu impulsiv an das Gerät gegangen.«
4. »Wie viele Umdrehungen haben Sie genau gemacht?«

Lösung: 1. Beziehungs-Ohr, 2. Appell-Ohr, 3. Selbstoffenbarungs-Ohr, 4. Sach-Ohr

Baustein 4: Emotionale Unabhängigkeit

Wenn man sich bei der Bearbeitung einer Beschwerde zuvorkommend, kompetent und lösungsorientiert verhalten hat, enttäuscht es sehr, keine Rückmeldung über die Zufriedenheit des Kunden zu erhalten. Insbesondere, wenn erst nach umfangreichen Bemühungen eine Lösung gefunden wurde, die eigentlich eine erkennbare Zufriedenheit beim Kunden auslösen müsste. Diese Situation taucht leider häufig auf und frustriert verständlicherweise die Personen, die im Service arbeiten. Ihnen fehlt ganz einfach die Rückmeldung über den Erfolg ihrer Arbeit.

Die Lösung dieses Problems hat mehrere Facetten. Eine davon ist die Fähigkeit, sich emotional unabhängig zu machen vom Lob der Person, die sich beschwert. Sie sollten dazu wissen, dass psychologische Barrieren existieren, die Menschen in einer Beschwerdesituation daran hindern, Lob zu äußern, selbst wenn diese zufrieden stellend behandelt worden sind.

Auf der anderen Seite erhalten Servicekräfte oftmals positive Rückmeldungen, ohne dies genau wahrzunehmen. Vielleicht weil es sich nicht um das Feedback handelt, das sie eigentlich erwarten. Daher sollten Sie sich dafür sensibilisieren, bereits kleine positive Signale zu erkennen. Wenn Ihnen dies gelingt, haben Sie konkrete Anhaltspunkte, um abzuschätzen, wie zufrieden der Gesprächspartner mit Ihren Bemühungen ist.

Psychologische Barrieren, in Beschwerdesituationen Lob zu äußern

Es gibt also drei psychologische Barrieren, die bewirken können, dass ein Beschwerdeführer sich nicht bei Ihnen bedankt, obwohl Sie ihn zufrieden gestellt haben.

- ❖ Der Beschwerdeführer merkt es zu spät.
- ❖ Es fehlen die richtigen Worte.
- ❖ Die Situation lässt es nicht zu.

Wenn Sie sich dieser Barrieren bewusst werden, neigen Sie weniger dazu, die Kunden für undankbar zu halten. Wenn Sie sich aber darüber ärgern, dass Lob ausbleibt, obwohl Sie es doch verdient haben, können Sie nicht unbeirrt auf Ihre geleistete Arbeit blicken.

Die Abhängigkeit von fremdem Lob untergräbt die Fähigkeit, Ihre eigene Arbeit anzuerkennen und sie realistisch einzuschätzen. Dies führt zu Fehlurteilen. Machen Sie sich daher stark, indem Sie tolerieren, dass folgende Barrieren Ihre Kunden am Lob hindern:

Barriere 1: Der Beschwerdeführer merkt es zu spät

Sicher kennen Sie das: Sie haben schon längst das Geschäft verlassen, plötzlich wird Ihnen bewusst, dass der Einkauf Freude gemacht hat, weil Beratung und Service stimmten. Aber Sie haben keine Rückmeldung darüber gegeben. Gleiches passiert am Telefon: Kaum hat man den Hörer aufgelegt und denkt nochmals über das Gespräch nach, spürt man, dass dies ein nettes Telefonat war. Vielleicht entdeckt man sogar das ein oder andere am Verhalten des Gesprächspartners, das besonders gefallen hat. Wer kehrt in solchen Momenten um oder greift erneut zum Hörer, um sich zu bedanken? Man hat es einfach zu spät bemerkt und hat schließlich noch anderes zu tun. Ebenso ergeht es einem Beschwerdeführer, der so mit seinem Ärger beschäftigt ist, dass er nicht (oder eben zu spät) bemerkt, dass er längst verraucht ist.

Barriere 2: Es fehlen die richtigen Worte

Die richtigen Worte zu finden, um sich zu bedanken, ist oft schwieriger als gedacht. Die Erfahrung aus vielen Trainings zeigt, dass die meisten Menschen sich schwer tun, spontan die richtigen Worte zu finden und deshalb lieber schweigen.

Jetzt versetzen Sie sich einmal in einen Kunden, der wahrscheinlich sonst auch kaum Gelegenheiten nutzt, offen seinen Dank auszusprechen. Ausgerechnet in einer so außerordentlichen Situation, – die Beschwerde wird in seinem Sinne bearbeitet – wird er kaum zu einem spontanen »Dankeschön« bereit und fähig sein. Danke zu sagen erfordert eben etwas Übung, und die fehlt vielen Menschen.

Umso wichtiger ist es, nicht nur auf die Worte zu achten, sondern die Kunst zu erlernen, die anderen Signale zu erkennen.

Barriere 3: Die Situation lässt es nicht zu

Bedenken Sie: viele Kunden sind verärgert und aufgeregt, wenn Sie sich beschweren. Entsprechend emotional agieren sie. Sie steigern sich mitunter in ihre Wut hinein und neigen dann zu unbedachten Äußerungen. Stellt sich dann im Laufe des Gesprächs vielleicht noch heraus, dass der Kunde das Problem mitverursacht hat, so wird ihm sein anfängliches Aufbrausen eher unangenehm sein. Jetzt das gute Verhalten der Servicekraft zu loben, hieße geradezu zu kapitulieren, seine Position oder sich selbst in Frage zu stellen. Das erfordert mehr persönliche Distanz zu seinem eigenen Verhalten, als man in einer stressgeladenen Beschwerdesituation realistischerweise erwarten kann.

Die Kunst, die richtigen Signale zu erkennen

Auch wenn Kunden ihre Zufriedenheit über die gefundene Lösung nicht verbal äußern, gibt es fast immer nonverbale Signale. Diese Zeichen können Sie erkennen lernen. Sie haben gesehen, es gibt psychologische Barrieren, die ein klares verbales Feedback verhindern. Warten Sie daher nicht auf bestimmte Worte, sondern werden Sie aufmerksam auf die nonverbalen Signale. Erweitern Sie Ihre Wahrnehmung, entdecken Sie die Feinheiten, die Ihnen die Zufriedenheit des Kunden signalisieren. Die folgenden Hinweise werden Ihnen helfen, die jeweilige Situation aus einer neuen Perspektive zu betrachten.

❖ **Entspannen**
   Vergleichen Sie: Wie ist der Kunde bei Ihnen erschienen (Haltung, Gestik, Mimik) und wie verlässt er Sie? Gibt es Veränderungen in Mimik, Haltung und Gestik, die auf eine Entspannung hinweisen? Oder am Telefon: Wie klang die Stimme des Kunden zu Beginn des Gesprächs und wie klingt sie später. Eine ruhige Gestik und Mimik sowie eine Verlangsamung der Sprechgeschwindigkeit sind Anzeichen dafür, dass der Kunde entspannter und zufriedener ist als zu Beginn.
❖ **Lächeln**
   Ärger, Wut und Enttäuschung werden selten von einer freundlichen Mimik begleitet. Deshalb zeigen bereits ein angedeutetes Lächeln und eine faltenlose Stirn Ihnen an, dass Ihr Engagement bei der Bearbeitung der Beschwerde erfolgreich ist. Mit etwas Übung werden Sie auch

am Telefon Klangveränderungen in der Stimme Ihrer Gesprächspartner wahrnehmen, die auf ein Lächeln und somit Zufriedenheit schließen lassen.

❖ **Zuhören und nachfragen**

Den Gesprächspartner zu unterbrechen und nicht auf seine Argumente einzugehen, sind typische Verhaltensweisen bei Verärgerung. Fängt der Kunde an, Ihnen zuzuhören oder stellt Fragen, um ein wirkliches Gespräch zu führen, sind dies untrügliche Signale für Offenheit und eine konstruktive Gesprächsatmosphäre. Achten Sie also darauf, ob Sie am Gesprächsende diese Signale wahrnehmen. Sie sind ein Hinweis auf eine gelungene Beschwerdebearbeitung.

❖ **Optimistische und zustimmende Äußerungen**

Zustimmung ist ebenfalls ein Signal für eine gute Gesprächsatmosphäre. Sie erkennen dies an bestätigenden Bemerkungen (beispielsweise »Ja«, »Genau«). Oder der Gesprächspartner greift Ihre Bemerkungen auf oder wiederholt sie. Aus seinen Aussagen klingt Zuversicht statt Pessimismus. Solche Signale auszusenden fällt vielen Menschen leichter als sich offen zu bedanken oder ein Lob auszusprechen. Achten Sie daher mehr auf diese indirekten Dankäußerungen.

Zur Rückmeldung auffordern

Eine ergänzende Alternative zu den oben genannten Punkten ist, selber aktiv zu werden: Fragen Sie doch nach der Bearbeitung der Beschwerde den Kunden einfach, was er von Ihrer Arbeit hält und wie die Lösung angekommen ist. Wenn Sie von Ihrer Leistung überzeugt sind, sollten Sie den Mut aufbringen, direkt nachzufragen. Sie werden sehen, dass Sie auf diese Weise ein Feedback erhalten, dass Ihnen anderenfalls vielleicht vorenthalten worden wäre. Zudem wird sich der Kunde seiner Zufriedenheit deutlich bewusst, wenn er ein zusammenfassendes positives Urteil ausspricht.

Um eine Rückmeldung zu erhalten, können Sie indirekt vorgehen, indem Sie höflich fragen: »Ich hoffe, Sie sind mit dieser Lösung einverstanden?«, oder »Ich würde mich freuen, wenn diese Lösung zufrieden stellend für Sie ausfällt?« Wenn die Situation es zulässt, können Sie auch ganz direkt fragen: »Sind Sie mit der Lösung, die wir gefunden haben, einverstanden?« Finden Sie eine Formulierung, die Ihnen persönlich zusagt, mit der Sie sich wohl fühlen.

Baustein 5: Mentale Unabhängigkeit

Einstellungen leiten unser Verhalten. Der griechische Philosoph Epiktet formulierte es folgendermaßen: »Nicht die Dinge beunruhigen die Menschen, sondern ihre Meinung über sie.« Wenn Sie zum Beispiel denken, es sei ein Ausdruck von Angeberei, in einem Cabriolet durch die Stadt zu fahren, dann werden Sie sich schämen, wenn man Sie dazu einlädt. Denken Sie hingegen, dass dies ein Ausdruck von Selbstsicherheit und Erfolg ist, werden Sie die Fahrt stolz genießen. Die gleiche Situation, es existieren jedoch unterschiedliche Denkmuster und folglich unterschiedliche Gefühle. In diesem Sinne gilt es, die Einstellungen an das zu erwartende Verhalten von Beschwerdeführern anzupassen. Bauen Sie daher realistische Erwartungen auf, mit denen Sie den Erfolg Ihrer Arbeit möglich machen und ihn so häufiger genießen können.

Mit der richtigen Einstellung fühlen Sie sich besser

Ihre Erwartung an die Reaktion des Gesprächspartners bestimmt, wie Sie sich selbst nach der Bearbeitung von Beschwerden fühlen. Es liegt auf der Hand: Wenn Sie beispielsweise grundsätzlich Lob erwarten sollten, dann werden Sie frustriert sein, wenn Sie dies eher selten erhalten. Erwarten Sie hingegen weder Lob noch Dank, dann werden Sie kaum zu enttäuschen sein, können allerdings positiv überrascht werden. Im wortwörtlichen Sinne hat Ent-Täuschung etwas mit dem Aufdecken einer Täuschung zu tun. Täuschen Sie sich nicht selbst, erkennen und hinterfragen Sie die Wirklichkeitsnähe Ihrer Erwartungen. Entwickeln Sie realistische Einstellungen, die Ihnen bei der Bearbeitung von Beschwerden helfen, anstatt Sie zu bremsen. Es folgen nun fünf bewährte Leitsätze, die Sie sich zu eigen machen können:

- ❖ Ich kann hoffen, aber nicht erwarten, dass Menschen die Reaktion zeigen, die ich mir wünsche.
- ❖ Es ist realistisch anzunehmen, dass Menschen so handeln, wie sie selbst können, nicht so, wie ich es will oder es mir wünsche.

❖ Ich bin ein Mensch, mein Gegenüber auch. Wir haben beide Fehler und Schwächen und handeln deshalb hin und wieder nicht so, wie wir eigentlich möchten. Leider passiert das besonders häufig in Situationen, in denen man ärgerlich und wütend ist.

❖ Viele Menschen haben – häufig aus Selbstschutz – gelernt, Gefühle nicht offen zu zeigen. Dies betrifft auch positive. Deshalb fallen Lob oder dankende Worte in einer Konfliktsituation besonders schwer.

❖ Und denken Sie daran: Sie selbst haben bestimmt schon nette Verkäufer und kompetentes Servicepersonal erlebt, ohne direktes Lob zu äußern. Dennoch haben Sie deren Kompetenz und Freundlichkeit bemerkt.

Lassen Sie sich durch Lob positiv überraschen und bedanken Sie sich

Die oben genannten Leitsätze werden Ihnen helfen, realistischere Erwartungen gegenüber Beschwerdeführern aufzubauen. Sie werden auch erkennen, dass es auf Dauer gesünder ist, sich zusätzliche Motivationsquellen zu erschließen und nicht auf die Rückmeldung von Kunden oder Vorgesetzten zu warten.

Verändern Sie Ihren Blickwinkel und bauen Sie eine Erwartung auf, die Ihre Beschwerdearbeit in neuem Licht erscheinen lassen wird. Blanchard und Johnson (1996) fordern Führungskräfte im Umgang mit Mitarbeitern auf: »Erwisch Ihn, wenn er's gut macht«. Lässt sich diese Haltung nicht perfekt auf die Bearbeitung von Beschwerden übertragen? Erwischen Sie die Kunden dabei, wie sie freundlich werden, wie sie sich überzeugen lassen, wie sie plötzlich zuhören und interessiert sind, wie sie zustimmen, wie sie Ihnen entgegenkommen, …

Es gibt viel Neues zu entdecken, wenn Sie nicht mehr nach sturen, eigennützigen, bösartigen Kunden Ausschau halten. Wenn Sie sich mit dieser Grundhaltung anfreunden, werden Sie vom Pessimisten zum Optimisten. Sie werden jeden Tag die Möglichkeit haben, engagierte Kunden zu erleben und neue Gesprächskompetenzen hinzuzulernen. Sind Sie dazu bereit? Wenn ja, dann wird es Ihnen leicht fallen, dem zufrieden gestellten Kunden Dank für sein Entgegenkommen, seine Offenheit und seine Anregungen auszusprechen. Damit entwaffnen Sie endgültig jeden Beschwerdeführer und machen ihn zu einem dauerhaft zufriedenen Kunden. Sie selbst machen sich das Geschenk, wirkliche Befriedigung bei der Arbeit zu erleben.

Sorgen Sie selbst für Erfolgserlebnisse

Wenn Sie akzeptieren, dass Lob und Bestätigung nicht in dem Maße von außen kommen, wie Sie es sich wünschen, bereiten Sie sich darauf vor, die wirklich motivierenden Aspekte der Bearbeitung von Beschwerden zu genießen. Machen Sie sich die angesprochenen Grundhaltungen zu eigen, gewinnen Sie Distanz und Unabhängigkeit.

Immer wieder höre ich in Seminaren Berichte über »schlechte« Kunden, Vorgesetzte und Arbeitsbedingungen. Natürlich ist es gut, kritisch zu denken, um Dinge zu ändern, die zu Problemen und Reibungsverlusten führen. Verengt man aber den Blick und sucht nur nach äußeren Gründen für die eigene Unzufriedenheit, dann bleibt man blind für Potenziale, die im eigenen Verhalten liegen.

Schöpfen Sie die Möglichkeiten aus, die sich durch die Optimierung des eigenen Verhaltens, des eigenen Denkens und durch die Steuerung der eigenen Gefühlsreaktionen bieten. Schaffen Sie Raum für Erfolgserlebnisse, denn diese sind der Impuls für gute Gefühle. Vergleichen Sie selbst: Welche Gefühle stellen sich ein, wenn Sie Schuldige für die Schwierigkeiten um Sie herum suchen? In der Regel sind dies keine aufbauenden Gefühle.

Erfolgserlebnisse schaffen Sie sich, indem Sie konsequent an Ihrer »persönlichen Erfolgsstatistik« arbeiten. Warten Sie nicht auf fremdes Lob, sondern beginnen Sie, persönlich »Buch zu führen«. Nehmen Sie sich nach der Bearbeitung von Beschwerden immer wieder Zeit, sich konstruktive motivierende Fragen zu stellen. So bauen Sie selbstverantwortlich ein Bewusstsein für die eigenen Kompetenzen auf und werden mental unabhängig.

Übung: Persönliche Erfolgsstatistik

Nehmen Sie sich regelmäßig nach der Beschwerdebearbeitung die Zeit, Ihre persönliche Erfolgsstatistik zu aktualisieren.
Gehen Sie die Situation im Geiste noch einmal durch und beantworten Sie sich folgende Fragen:

❖ Wie hat sich das Verhalten des Gesprächspartners verändert?
❖ Was habe ich geleistet, um die Lösung zu erreichen?
❖ Wie habe ich selbst dazu beigetragen, die Lösung zu ermöglichen?
❖ Welche Mittel und Fähigkeiten habe ich bewusst eingesetzt, um den Kunden zufrieden zu stellen?
❖ Was will ich beim nächsten Mal noch besser machen?

Baustein 6: Zielorientierung

Ich möchte Ihnen nun verdeutlichen, wie wichtig es ist, bei der Bearbeitung von Beschwerden persönliche Ziele zu haben und darauf hinzuarbeiten. Agieren Sie zielgerichtet, anstatt nur zu reagieren. Definieren Sie erfolgswirksame Ziele und lernen Sie, diese konsequent zu verfolgen.

Die Lösung kennen heißt leider nicht, sie anwenden können

Ich erlebe immer wieder, dass Seminarteilnehmer bereits etliche effektive Kommunikationstechniken kennen, diese aber nicht anwenden. Einige wissen vielleicht nicht, wie wirkungsvoll die Techniken tatsächlich sind, da sie dies nicht erlebt haben. Oder ihnen fehlt die nötige Übung. Andere jedoch kennen diese Techniken und wissen aus eigener Erfahrung, dass sie damit ein Gesprächsziel besser erreichen. Dennoch wenden sie diese Kenntnisse im entscheidenden Moment nicht an. Vielleicht geht es Ihnen auch so? Was hindert Sie daran? Vielleicht sind es unbewusste Gesprächsziele.

Bewusste und unbewusste Ziele

»Wir kennen zwar nicht das Ziel, aber wir sind unheimlich schnell.«

Hinter den Zielen, die Sie in einem Gespräch verfolgen, stehen immer tiefer liegende Motive und Bedürfnisse. Ein ganz einfaches Beispiel: Das Ziel, etwas zu trinken aus dem Kühlschrank zu holen, ist kein Selbstzweck. Dahinter steckt das Bedürfnis, dem Körper Flüssigkeit zuzuführen. Dieser Zusammenhang ist ohne Schwierigkeiten erkennbar. Wie verhält es sich jedoch, wenn jemand weiß, dass ein unfreundliches Verhalten das Gesprächsklima verschlechtert, er dieses Verhalten aber dennoch zeigt? In einem solchen Fall sind die Ziele offensichtlich widersprüchlich: Die Person will einerseits ein gutes Gesprächsklima und sie will andererseits – ja was eigentlich? Die Ziele, die mit dem unfreundlichen Benehmen verfolgt werden, bleiben unbewusst und beeinflussen dennoch das Verhalten.

Generell ist es so, dass die stärksten Bedürfnisse bestimmen, auf welche Ziele das Verhalten vorrangig ausgerichtet wird. Wenn also die verdeckten Ziele stärker sind als die bewussten, dann folgt daraus ein widersprüchliches Handeln. In solchen Fällen können Sie sich selbst Ihr Verhalten möglicherweise nicht erklären.

Sie sollten aber wissen: Für eine erfolgreiche Beschwerdebehandlung müssen Sie einerseits jene unbewussten Beweggründe, die Ihr Gespräch sabotieren, erkennen und beseitigen. Andererseits sollten Sie sich den Zielen zuwenden, die Ihre Erfolgsaussichten erhöhen.

Zielunklarheit führt zu Schwierigkeiten

Widersprüche zwischen Verhalten und eigentlichen Absichten lassen sich also durch die Wirkungsmacht unbewusster Ziele gut erklären. Wenn unbewusste Ziele die Oberhand gewinnen, dann geht die Selbstkontrolle im Gespräch verloren. Tragen diese Ziele darüber hinaus nicht dazu bei, die Situation zu entspannen, dann ist der Gesprächserfolg stark gefährdet. Dazu ein Beispiel:

> Frau Schlesiger wird in einem Beschwerdegespräch von einem Kunden heftig beschimpft. Obwohl sie sich weiterhin freundlich verhält und nach der EVA3 Methode (siehe S. 85) vorgeht, bleibt der Kunde laut und uneinsichtig. Schließlich wird es Frau Schlesiger zu bunt und sie ändert ihr Verhalten. Sie distanziert sich mehr und mehr, zeigt dem Kunden immer deutlicher, dass ihr sein Verhalten missfällt. Die Folge: das Gesprächsklima wird eisig. Sowohl der Kunde als auch Frau Schlesiger sind am Ende unzufrieden mit dem Verlauf und dem Ergebnis.

Während Frau Schlesiger sich zunächst kooperativ verhielt und so die Lage kontrollierte, ließ sie sich mehr und mehr von dem provozierenden Verhalten des Gesprächspartners beeinflussen als von ihren eigenen Zielen. Auch wenn man dieses Verhalten verstehen kann, eignet es sich nicht, die Kontrolle in der Situation zu behalten. Eine zufrieden stellende Lösung für beide Seiten rückt damit in weite Ferne.

Übung: Erkennen Sie Ihr eigentliches Ziel

Es ist also wichtig, zunächst einmal das eigene Ziel sicher zu erkennen, das man bei einem kritischen Gespräch, wie es eine Beschwerde- und Reklamationsbearbeitung darstellt, verfolgt. Stellen Sie sich dazu vor, Sie bearbeiten gerade eine Beschwerde.

Welches Ziel haben Sie in dieser Situation? Nehmen Sie sich einen Moment Zeit, über die Antwort nachzudenken und notieren Sie Ihre Einfälle.

....

....

....

....

....

....

....

....

Prüfen Sie nun Ihre Ergebnisse noch einmal, indem Sie sich bei jedem Gedanken fragen: *Warum habe ich dieses Ziel?* Machen Sie durchaus mehrere Durchgänge. Sie werden feststellen, dass einige Ihrer Notizen auf ein und dasselbe Ziel hinweisen. Finden Sie solche übergeordneten Ziele und notieren Sie diese:

....

....

....

....

....

....

....

Förderliche Ziele zur Beschwerdebearbeitung

Es gibt Ziele, die Ihnen helfen, schwierige Situationen möglichst gut zu meistern. Wenn Sie diese erreichen, fühlen sich sowohl Sie als auch Ihr Gesprächspartner besser als zu Beginn des Gesprächs. Förderliche Ziele, die Sie beim Umgang mit Beschwerden leiten können, sind zum Beispiel:

❖ Ich möchte freundlich und offen bleiben.
❖ Ich werde zuhören und bestmöglich helfen.
❖ Ich will das Gespräch so angenehm wie möglich enden lassen.
❖ Ich möchte selbst kompetent erscheinen und ruhig bleiben.
❖ Ich will mich nicht von schlechter Laune und persönlichen Angriffen zu ähnlichem Verhalten verleiten lassen.
❖ Ich will mich bei der Lösung an den Sachfragen orientieren.

Bedenken Sie, dass Ihnen diese förderlichen Gesprächsziele letztlich den größten Nutzen bringen werden. Denn eine erfolgreiche Bearbeitung einer Beschwerde stellt nicht nur Ihre Kunden zufrieden, sondern tut auch Ihnen gut.

Achten Sie darauf, dass Ihre Ziele positiv formuliert sind. Das ist der Fall, wenn Sie sagen, was Sie wollen, statt zu sagen, was Sie nicht wollen. Achten Sie zudem darauf, dass das Erreichen Ihres Ziels nicht von einer fremden Person abhängt. Es ist wichtig, eigene Ziele selbst zu erreichen!

Realistische Ziele bei der Beschwerdebearbeitung

Realistische Ziele sind solche, die erreichbar sind. Es mag zwar Ihr persönliches Ziel sein, jeden Kunden glücklich zu machen und vollständig zufrieden zu stellen – realistisch ist es aber nicht. Es kann sein, dass die Vorgaben Ihres Unternehmens nicht kundenorientiert sind. Oder sie entsprechen nicht dem, was Sie für angemessen halten. Es kann auch vorkommen, dass ein Kunde Forderungen stellt, die jenseits Ihrer Möglichkeiten liegen. Ein realistisches Ziel ist mitunter nur, dass der Kunde das Geschäft nicht noch verärgerter verlässt, als er es betreten hat, aber erkennt, das Sie alles in Ihrer Macht stehende versucht und getan haben.

Wichtig ist also, dass Sie neben klaren eigenen Zielen und der Ausrichtung auf förderliche Ziele auch eine realistische Einschätzung vornehmen und sich klar machen, was grundsätzlich möglich ist.

Destruktive Wirkungskreise unterbrechen

In schwierigen Situationen passiert es sehr oft, dass man als Servicemitarbeiter trotz kundenorientiertem Verhalten zunächst keine Entspannung beim Beschwerdeführer bewirkt. Die wenig förderliche aber ganz natürliche Reaktion ist dann, dass man genauso stur und brüsk reagiert, wie man sich selbst behandelt fühlt. Dies ist eine uralte, aber unzeitgemäße Verhaltensweise. Es mag für einen Neandertaler überlebenswichtig gewesen sein, nach dem Prinzip »Auge um Auge, Zahn um Zahn« zu handeln. Für einen Servicemitarbeiter im dritten Jahrtausend braucht dieses Programm allerdings dringend ein Update, denn es geht nicht mehr ums Überleben. Wer aber dennoch so handelt, riskiert, dass die Beschwerdebehandlung eher in einer Rauferei endet, als dass eine tragbare Lösung gefunden wird. Es gilt, folgenden Automatismus zu unterbrechen, um erfolgreich zu arbeiten:

Die Darstellung täuscht allerdings, denn sie zeigt nur den Beginn einer eskalierenden Konfliktspirale.

Ziele beibehalten und Verhalten verändern

Die Erfahrung zeigt, dass viele Personen bei der Bearbeitung von Beschwerden und Reklamationen einen typischen Fehler machen. Sie verfolgen ihr Ziel, den Kunden zu beruhigen und ihn zufrieden zu stellen, nur halbherzig und nur solange, bis die ersten Schwierigkeiten auftreten. Gerade diese Phase ist aber besonders kritisch. Startet erst einmal das »Neandertalerprogramm«, sinkt die Wahrscheinlichkeit der Zielerreichung und des Gesprächserfolgs rapide. Es ist wichtig, die Kontrolle zu behalten. Handeln Sie am besten folgendermaßen:

❖ Verändern Sie Ihr Verhalten, wenn Sie feststellen, dass Sie dem Ziel nicht näher kommen.

❖ Bleiben Sie dabei aber auf das Ziel konzentriert.

❖ Beobachten Sie aufmerksam, ob Ihr Ziel weniger wichtig zu werden droht und steuern Sie gegen.

❖ Erst wenn nach mindestens drei alternativen Versuchen keine Annäherung an das Ziel stattfindet, ist es Zeit, das Ziel zu ändern (vgl S. 92).

Erfolg durch Zielorientierung und Konsequenz

Das folgende Schema von Klaus Kobjoll (1995) verdeutlicht Zusammenhänge zwischen Zielorientierung und Konsequenz des eigenen Verhaltens.

	Grad der inneren Zielklarheit		
		Hoch	Niedrig
Grad der Konsequenz im eigenen Verhalten	Hoch	Gewinner	Workaholic
	Niedrig	Träumer	Verlierer

Bezogen auf die Bearbeitung von Beschwerden bedeutet dies:

❖ *Gewinner:* Der Gewinner weiß, was er will und orientiert sich an seinem Ziel. Das lautet: Zufriedenheit des Kunden. Er weiß auch, dass Hindernisse auf dem Weg zur Zielerreichung nichts Außergewöhnliches sind. Er richtet sein Handeln danach aus, ob es ihn dem Ziel näher bringt. Rückschläge veranlassen ihn zur Verhaltensänderung, aber nicht dazu, sich vom Ziel abzuwenden.

❖ *Workaholic:* Der Workaholic geht nicht zielorientiert vor. Er ist aktiv und einsatzfreudig, aber planlos. Ohne ein konkretes Ziel hängt es aber letztlich vom Zufall ab, ob das Ergebnis ein zufriedener Kunde ist. Dem Workaholic fehlt es nicht an Motivation, aber am nötigen Grundwissen, um psychologisch geschickt mit Beschwerden umzugehen.

❖ *Träumer:* Der Träumer handelt nicht konsequent. Er mag das Ziel haben, den Kunden zufrieden zu stellen und weiß auch, dass dazu bestimmte Techniken geeignet sind. Aber er scheut die Mühe, diese Techniken bewusst einzusetzen. Er hofft, dass sich von selbst etwas ändert, ohne dass er etwas dafür tun muss.

❖ *Verlierer:* Dem Verlierer fehlt sowohl die Vorstellung darüber, was er genau erreichen will, als auch die Konsequenz, seinen Erfolg bei der Bearbeitung von Beschwerden gezielt herbeizuführen.

Entscheiden Sie selbst, ob Sie Ihren Gesprächserfolg vom Zufall abhängig machen wollen, oder ob Sie zum Gewinner werden, indem Sie konsequent und zielorientiert handeln.

Der Gesprächserfolg hat Priorität

Nun frage ich Sie noch einmal, welches Ziel verfolgen Sie bei der Bearbeitung einer Beschwerde? Wollen Sie die Situation entspannen, den Kunden beruhigen und nach Möglichkeit zufrieden stellen? Wenn das Ihr Ziel ist, dann behalten Sie es im Auge und zwar konsequent. Werden Sie aufmerksam dafür, wenn der Neandertaler in Ihnen erwacht und steuern Sie gegen. Lassen Sie sich nicht durch Rachegefühle zu unbedachten Reaktionen hinreißen. Malen Sie sich das Erfolgserlebnis aus, wenn Sie eine Beanstandung zufrieden stellend bearbeiten. Machen Sie die Bearbeitung von Beschwerden zu einer spielerischen Herausforderung, in der Sie Ihr Kommunikationstalent schulen und verbessern können. Bleiben Sie bei dem, was Sie der Lösung des Problems näher bringt, anstatt Nebenschauplätze zu betreten und Ihre Energie zu verschwenden.

Trainieren Sie Ihre Fähigkeit, sich während des Gespräches hin und wieder von außen zu betrachten: Trägt Ihr Verhalten noch dazu bei, Ihr angestrebtes Ziel zu erreichen, oder kontrolliert der Zufall bereits den Gesprächsverlauf?

Mit dem Wimsidir-Prinzip zum Erfolg

Wenn Sie auf Autopilot geschaltet haben, dann handeln Sie nach dem Prinzip »Wie du mir, so ich dir«. Dass dieses Handlungsprinzip destruktiv ist, sollte mittlerweile klar sein. Das Prinzip, das Ihnen helfen wird, die Techniken zur optimalen Beschwerdebearbeitung einzusetzen, lautet hingegen »Wie ich mir, so ich dir«, kurz: *Wimsidir*-Prinzip.

Das Wimsidir-Prinzip

Der Unterschied liegt darin, dass Sie sich einfach daran orientieren, was Sie sich selbst zumuten würden, und was Sie selbst erwarten würden, wenn Sie sich beschweren. Seien Sie dabei ehrlich: als Kunde registriert man meist sehr früh, wenn der Gesprächspartner nicht kundenorientiert handelt. Sich nach dem Wimsidir-Prinzip zu verhalten ist leichter gesagt als getan. Aber die Mühe lohnt. Es ist eine Leitlinie, mit der Sie kaum Eskalationen verursachen und dabei sich selbst treu bleiben.

Baustein 7: Menschenkenntnis

Die Fähigkeit, schnell und präzise einen verärgerten Kunden einzuschätzen, verschafft Ihnen die Pole-Position im Gespräch. Dieser Vorsprung hilft Ihnen, gewissermaßen vorauszusehen, wie Ihr Gesprächspartner in unterschiedlichen Situationen reagieren könnte, noch bevor er es wirklich tut. Damit gewinnen Sie einen Zeitvorteil und können Ihr eigenes Verhalten rechtzeitig darauf einstellen.

Wie Sie zu besserer Menschenkenntnis gelangen

Menschenkenntnis ist erlernbar, setzt aber voraus, dass Sie sich von vielen Wahrnehmungsfiltern befreien und auf Interpretationen verzichten. Die grundsätzliche Bereitschaft, möglichst vorurteilsfrei auf Menschen zuzugehen, um die innere Logik des Verhaltens zu verstehen, wird Ihnen helfen, Ihre Menschenkenntnis erheblich zu steigern.

Sie können dazu alle Gelegenheiten nutzen, wenn Sie in Gesellschaft sind. Es folgen nun einige Übungen, die Sie auf diesem Weg begleiten werden.

Übung: Beobachtung statt Interpretation

Beobachten Sie offen und vorurteilsfrei das Verhalten von Menschen und trennen Sie dies von Interpretationen über die Person.

Nutzen Sie die nächste Gelegenheit, in der Sie in der Kantine speisen, im öffentlichen Verkehrsmittel fahren, im Café sitzen, spazieren gehen, ... um Menschen zu beobachten. Beschreiben Sie still für sich, was Sie sehen, hören, wodurch bei Ihnen welche Gefühle ausgelöst werden.

Stellen Sie sich zudem vor, Sie beschreiben das, was Sie wahrnehmen, einem Menschen, der nicht anwesend ist. Dabei können Sie auf folgende Formulierungshilfen zurückgreifen: »Ich sehe ein ...«, »Sie trägt ein ...«, »Er sagt ...«. Vermeiden Sie aufmerksam jede Interpretation, also Formulierungen wie »Er ist ein ...«, »Sie denkt ...«, »Er fühlt sich ...«.

Übung: Größere Verhaltensflexibilität

Erweitern Sie bewusst das Spektrum Ihrer Verhaltensmöglichkeiten. Erleben Sie sich und andere Menschen in Seminaren und Trainings, um Ihre soziale Wahrnehmung zu schärfen.

Nutzen Sie die Möglichkeiten, von kompetenten Trainern Rückmeldungen über die Wirkung Ihres Verhaltens zu erhalten und Anregungen zu bekommen, wie Sie sich persönlich weiterentwickeln können. Machen Sie persönliche Weiterentwicklung zum Bestandteil Ihrer Entwicklung.

Handeln Sie jetzt gleich: Notieren Sie sich ein Seminarthema aus den Bereichen Verhaltenstraining oder Persönlichkeitsentwicklung, das Sie besonders interessiert und setzen Sie sich einen Zeitrahmen, bis wann Sie es absolviert haben möchten. Suchen Sie bewusst nach einem Trainingsseminar, das Rollenspiel und/oder Videorückmeldung vorsieht. Das garantiert, dass Sie nicht nur mit dem Kopf dabei sind, sondern auch Ihr Verhalten erleben.

Übung: Vielfältige Kontakte

Vermeiden Sie nicht Kontakte zu Menschen, die Ihnen im ersten Moment fremd oder andersartig erscheinen. Im Gegenteil, nutzen Sie dieses Signal, um sich mit dieser Person intensiver auseinander zu setzen. Denn es sind gerade diese Kontakte, die unseren Horizont erweitern und uns die Möglichkeit bieten, kennen zu lernen, wie andere Menschen ihr Leben gestalten.

Übung: Parabotschaften beachten

Beachten Sie verstärkt die Parabotschaften der Sprache. Dabei handelt es sich um begleitende Botschaften wie Gesten, Mimik, Haltung.

Nicht einzelne Botschaften sagen etwas über den Menschen aus, sondern es ist das Zusammenspiel der unterschiedlichen Teile, mit denen sich ein Mensch darstellt: Dazu gehören auch Statussymbole, Rituale, Kleidung. Ein vollständiges Bild einer Person erhält man erst, wenn man nicht mehr nur einzelne Aspekte wahrnimmt, sondern den Blick für den Gesamteindruck schult.

Beobachten Sie einmal bewusst, wie sehr Ihr erster Eindruck einer Person von der Kleidung, die sie trägt, beeinflusst wird. Was flößt Ihnen Respekt ein, was mindert das Ansehen einer Person?

Hören Sie einmal bewusst auf die Stimme einer Person. Schließen Sie dabei die Augen und achten Sie auf den Klang der Stimme. Passt diese Stimme zu dem, was die Person sagt? Und wie ist es mit den Gesten? Spiegelt sich die Spannung oder Lässigkeit der Stimme in den Gesten wieder oder gibt es Widersprüche?

Übung: Vorurteile hinterfragen

Machen Sie eine Liste von Personen, die Sie nicht leiden können. Notieren Sie anschließend, welche Gründe Sie dazu veranlassen, diese Personen nicht zu mögen.

Person, die ich nicht mag	Gründe

Wenn Sie diese Liste angefertigt haben, dann überlegen Sie, ob Sie diese Person wirklich kennen. Streichen Sie nun alle Personen, die Sie nur aus dem Fernsehen oder vom Hörensagen kennen. Diese Personen kennen Sie schließlich nicht wirklich. Dann sollten Sie alle Personen streichen, die Sie nur aus einem Bereich, nämlich aus Beruf, Familie oder Freizeit kennen. Auch bei diesen Personen gibt es offensichtlich zu viele unbekannte Bereiche, die eine faire Beurteilung unmöglich machen. Schauen Sie sich anschließend die Eigenschaften der Personen an, die Sie von der Liste gestrichen haben und überlegen Sie, welche Vorurteile Sie zu einem ablehnenden Urteil veranlasst haben.

Übung: Vorher-Nachher-Vergleich

Vergleichen Sie Ihr Vor-Urteil von einer Person, bevor Sie in Kontakt mit Ihr treten mit dem Urteil, das Sie nach einem Gespräch haben.

Gehen Sie beispielsweise bewusst auf eine Kollegin zu, von der Sie ein Vorurteil haben. Versuchen Sie ein lockeres Gespräch. Überlegen Sie anschließend, ob und inwieweit sich Ihr Vorurteil gewandelt hat.

Gestehen Sie sich Ihre Vorurteile ein. Prüfen Sie aber, ob diese sich wirklich bestätigen, denn nur dann erfüllen sie einen sinnvollen Zweck. Fragen Sie sich deshalb nach Begegnungen so objektiv wie möglich, welche nachprüfbaren Argumente Ihr Vorurteil stützen. Finden Sie keine Argumente, dann ist das Vorurteil nicht haltbar. So erweitern Sie zunehmend Ihre Menschenkenntnis.

Mein Urteil vorher:

....

Mein Urteil nachher:

....

Übung: Urteilsvergleiche

Nutzen Sie jede Gelegenheit, andere Menschen in Ihrem Umkreis zu fragen, wie diese bestimmte Situationen beurteilen, die Sie gemeinsam erlebt haben, wie diese Menschen einschätzen, die Sie gemeinsam kennen.

Aus dem Vergleich von Eigen- und Fremdurteil erhalten Sie zahlreiche Informationen, die Ihnen anzeigen, wie unterschiedlich Verhalten gedeutet und bewertet werden kann. Einigkeit besteht in den seltensten Fällen. Deshalb lernen Sie auf diese Weise, wie Verhalten und Interpretation zusammenhängen.

Urteil Person 1:

....

Urteil Person 2:

....

Urteil Person 3:

....

Hindernisse auf dem Weg zu einer besseren Menschenkenntnis

Bei der Anwendung der Übungen werden Sie einige Hindernisse kennen lernen. Nicht jedes Hindernis wird Ihnen gleich groß erscheinen. Wenn Sie die Übungen machen, erkennen Sie sehr schnell, welche der Übungen Ihnen leichter und welche Ihnen schwerer fallen. Mit folgender Liste können Sie Ihre persönlichen Hindernisse rascher identifizieren.

- ❖ *Verzerrte Wahrnehmungen:* Man sieht und hört nur das, was man sehen und hören will.
- ❖ *Projektionen:* Man unterstellt anderen eigene Defizite, ohne es zu merken.
- ❖ *Mangelnde Fehlertoleranz:* Man gestattet sich keine Fehler und setzt sich deshalb nicht mit eigenen Defiziten auseinander.
- ❖ *Vorurteile und ungeprüfte Interpretationen:* Man unterstellt Menschen aufgrund der Kenntnis weniger Merkmale, bestimmte Motive zu haben oder ein bestimmter Menschenschlag zu sein.
- ❖ *Faulheit:* Man macht sich nicht die Mühe, Situationen oder Urteile noch einmal zu überdenken.
- ❖ *Starre Einstellungen:* Man zieht gar nicht in Betracht, die eigenen Einstellungen an eine veränderte Realität anzupassen.
- ❖ *Fehlende Offenheit:* Man vermeidet weitestgehend alles Andersartige, Fremde oder Neue.
- ❖ *Fremdbestimmung:* Klischees oder sozialer Meinungsdruck, öffentliche Bilder statt eigener Erfahrungen prägen das Urteil.
- ❖ *Angst und Unsicherheit:* Etwas Neues auszuprobieren erzeugt Ungewissheit, die man als unbequem erlebt.
- ❖ *Mangelnde Konsequenz:* Man gibt nach dem ersten Misserfolg oder der ersten Enttäuschung auf und gesteht sich keine Lernphase zu.

Wenn Menschenkenntnis so viele Vorteile bietet, dann sollte man sich fragen, warum es einige Übung und Erfahrungen kostet, bis man sie erworben hat, und warum so viele Hindernisse auf dem Weg zum Ziel sind. Es liegt wahrscheinlich daran, dass eingefahrene und einigermaßen bewährte Vorurteile uns Schutz und Bequemlichkeit bieten.

Schließlich kann man auch ohne besondere Menschenkenntnis überleben. Aber um wirklich fit zu werden, muss man eben trainieren. Schaffen Sie sich freie Bahn. Finden und beseitigen Sie die Hindernisse, die Sie persönlich blockieren.

Kapitel 4
Beschwerden systematisch bearbeiten

In diesem Kapitel stelle ich eine grundlegende Strategie vor, mit der Beschwerden systematisch bearbeitet werden können. Ich gebe Ihnen Tipps, wie Sie konkret vorgehen können und worauf Sie im Einzelnen achten sollten. Die Vorteile dieses systematischen Vorgehens stelle ich heraus und zeige Ihnen, welche Vorgehensweisen sich in der Praxis der Beschwerdebearbeitung besonders bewährt haben.

Das Kapitel im Überblick

❖ Systematische Beschwerdebearbeitung

❖ Beschwerdebearbeitung mit der EVA3-Methode

❖ Die »Wunderfrage« – wenn Gespräche sich im Kreis drehen

❖ Notfallstrategie: Ein aussichtsloses Gespräch beenden

Systematische Beschwerdebearbeitung

Mehr als nur Zufallserfolge erreichen

Werden Beschwerden nur unsystematisch bearbeitet, bedeutet das, dass häufig aus dem Bauch heraus gehandelt wird. Natürlich werden auch hier einige Kunden zufrieden gestellt. Aber es klappt nicht immer. Vor allem werden nicht alle Kunden gleich behandelt, sondern nach Gutdünken. Diese Vorgehensweise schafft also lediglich Zufallserfolge. Dem stehen zahlreiche Misserfolge gegenüber. Das ist auf Dauer unbefriedigend.

Durch ein systematisches Vorgehen lassen sich viele Misserfolge vermeiden. In zahlreichen Trainings habe ich erlebt, dass erfolgreiche Kommunikatoren dies oft ganz intuitiv wissen. Sie bearbeiten Beanstandungen in einer optimalen inneren Verhaltensroutine.

Allerdings lässt sich diese Routine nicht stereotyp anwenden: Es funktioniert nicht, Standardformulierungen auswendig zu lernen und unabhängig von der Persönlichkeit des sich Beschwerenden anzuwenden. So funktioniert ein sprachgesteuertes Programm, das kaum einfühlsam und verständnisvoll auf einen Kunden einwirken wird, aber nicht ein Servicemitarbeiter, der sich in die Probleme seiner Kunden hineinversetzen kann.

Systematisch zum Erfolg

Erfolgreichem Verhalten liegt immer eine Systematik zugrunde, wenn es über einen einmaligen Zufallserfolg hinausgeht. Diese Systematik ist durchaus übertragbar auf andere Personen, aber nicht ganz einfach. Denn dazu muss man einerseits die Wirkung beobachten, die das Verhalten erfolgreicher Personen hat. Dies muss unabhängig davon geschehen, wie man selbst das Verhalten an sich beurteilt. Allein die Wirkung ist von Bedeutung. Auch die Befragung dieser Personen wird helfen, herauszufinden, was sie selbst bewusst beachten, um erfolgreich zu sein. Machen Sie sich diese Informationsquellen zugänglich. Vergleichen Sie Ihre Ergebnisse mit Ihrem eigenen Verhalten und

Ihren eigenen Vorstellungen. Werten Sie Ihre Erkenntnisse aus, um die wirksamen Faktoren zu bestimmen, und um zu prüfen, was Sie übernehmen wollen und können.

Planvolles Vorgehen statt gelernter Formulierungen

Bei der Bearbeitung von Beschwerden zeigt sich zum Beispiel immer wieder, dass vorgefertigte Formulierungen nicht unbedingt erfolgversprechend sind. Gut formulierte Satzbausteine und erkennbares Bemühen alleine sind also kein Garant für eine zufrieden stellende Beschwerdebearbeitung. Dennoch höre ich häufig in Seminaren die Frage: »Was kann ich denn genau tun bzw. sagen?« Diese Frage zielt auf konkretes Verhalten oder konkrete Formulierungshilfen ab, die allgemein gültig und grundsätzlich wirksam sein sollen. So lässt sich aber das Verhalten nicht unbedingt optimieren. Vielversprechender ist es, nach einer Systematik im Vorgehen zu suchen. Man sollte sich also viel eher fragen: »Wie soll ich vorgehen?« Es hat sich gezeigt, dass ein erfolgreiches Verhalten in der Regel auf einem inneren Plan basiert, der eine Orientierung bietet. Er zeigt: Wie kann ich vorgehen, welche Entscheidungskriterien sind wichtig, wann verspricht ein bestimmtes Verhalten Erfolg.

Darin liegt der Vorteil: Während konkretes Verhalten und Formulierungen flexibel gehandhabt werden sollten, kann der Verhaltensplan relativ starr beibehalten werden. Bei der Beschwerdenbearbeitung gehört beispielsweise zum Plan zu wissen, wann man eher inhaltsorientiert und wann man eher beziehungsorientiert vorgehen sollte.

Beziehung und Inhalt beachten

Wie ich Ihnen bereits anhand des Harvard-Konzepts erläutert habe, sollten Mensch und Sache getrennt werden, es sind also Beziehungsebene und Inhaltsebene zu unterscheiden. Während auf der Inhaltsebene Sachinformationen und Wortbedeutungen vermittelt werden, sendet man auf der Beziehungsebene die Botschaften, die einem mitteilen, wie die Sachinformation verstanden werden soll. Nonverbale, also nichtsprachliche Informationen, wie zum Beispiel Körperhaltung, Gestik, Tonlage spielen auf der Beziehungsebene eine herausgehobene Rolle. Eine gelungene Kommunikation zeichnet sich dadurch aus, dass auf beiden Ebenen kongruente, also übereinstimmende Botschaften gesendet werden, sodass beim Empfänger das ankommt, was man auch mitteilen wollte. Fordert Sie beispielsweise jemand lächelnd auf, ein bestimmtes Verhalten zu unterlassen, so werden Sie dem kaum Gewicht beimessen. Anders verhält es sich, wenn diese Aufforderung mit ernstem Gesicht und fester Stimme vorgetragen wird.

Die Beziehungsebene bei der Beschwerdebearbeitung

Bei schwierigen Gesprächen ist die Beziehungsebene stets besonders wichtig. Denn auf dieser Ebene wird nonverbal mitgeteilt, ob wir am Gesprächspartner und an einer Konfliktlösung wirklich interessiert sind. Beschränken wir uns nur auf die Suche nach passenden kundenfreundlichen Formulierungen, dann berücksichtigen wir lediglich die Inhaltsebene. Dies genügt aber nicht. Denn die Art, *wie* etwas mitgeteilt wird, beeinflusst den Gesprächsverlauf erheblich. Genau das wird in der Praxis oft zu wenig beachtet. Als Grundregel können Sie sich daher zunächst merken, dass Sie sich auch auf die Beziehungsebene konzentrieren sollten. Wie Sie dies im Detail bei der Beschwerdebearbeitung machen können, zeigt die EVA3-Methode (s. S. 85).

Realistische Ziele setzen

Auf Seite 68 habe ich bereits erläutert, wie wichtig es ist, sich realistische Ziele zu setzen. Entscheidend ist: Schnell zu erkennen, was maximal erreichbar ist. Wenn ein Kunde beispielsweise ein Produkt umtauschen möchte, dies aber nicht in Ihrem Handlungsrahmen liegt, dann werden Sie den Kunden nicht zufrieden stellen können. Ein solches Ziel wäre unrealistisch und würde nur zu Frustrationen führen. Aber Sie können erreichen, dass der Kunde erkennt, dass Sie alles unternehmen, was im Rahmen Ihrer Möglichkeiten liegt, dass Sie engagiert, aufmerksam und freundlich bleiben. Damit werden Sie den Ärger des Kunden auf einem niedrigen Niveau halten und erreichen, dass er nach dem Gespräch denkt: Mit dieser Person konnte man reden. Sie hat mir zwar letztendlich doch nicht helfen können, aber es lag nicht in ihrer Macht.

Beschwerdebearbeitung mit der EVA3-Methode

Die EVA3-Methode

Die EVA3-Methode zeigt Ihnen einen Weg, wie Sie bei der Beschwerdebearbeitung schrittweise und systematisch vorgehen können. Diese Methode ist aus den Verhaltensstrategien erfolgreicher Servicekräfte abgeleitet.

EVA3 steht für eine Strategie, nach der Sie vorgehen können, um Beschwerden und Reklamationen in Übereinstimmung mit dem Kunden zu lösen. Sie können sich dieses Merkwort leicht einprägen, und so die darin beschriebenen Schritte jederzeit abrufen.

Die EVA3-Methode

Schritt 1   E   Entschuldigung
Schritt 2   V   Verständnis zeigen
Schritt 3   A   Analyse der Beschwerdeursache
Schritt 4   A   Auflösung der Beschwerde
Schritt 5   A   Abschlussprüfung

Die EVA3-Methode lässt sich sowohl bei der Bearbeitung telefonischer, direkter oder schriftlicher Beschwerden verwenden.

Schritt 1: E wie Entschuldigung

Zunächst geht es darum, dass Sie auf der Beziehungsebene einen Kontakt zum sich beschwerenden Kunden aufbauen. Denn ohne Kontakt ist es unmöglich, diesen zu beruhigen und gemeinsam eine tragfähige Lösung zu erarbeiten. Den ersten Kontakt erreichen Sie zuverlässig, indem Sie sich zunächst für das aufgetretene Problem entschuldigen. Verstehen Sie dies als ersten professionellen Schritt zur Anbahnung eines entspannten Gesprächsklimas, das als Grundlage für die gemeinsame Lösungssuche dient. Probieren Sie es aus,

»Irren ist menschlich. Einen Irrtum wieder gutmachen ist göttlich.«

Sie werden erleben, wie wirkungsvoll dies ist. Sie sollten dabei Folgendes beachten:

❖ Sagen Sie »Entschuldigung«, denken Sie es nicht nur!
❖ Falls Sie Einwände gegen dieses Vorgehen haben: Bedenken Sie, dass die Entschuldigung letztlich Ihrem Erfolg dient.
❖ Hören Sie zunächst zu und lassen Sie den Kunden das Anliegen vollständig vortragen.
❖ Geben Sie einige Aufmerksamkeitsreaktionen wie »ja«, »mmmh«, »Ach so«.
❖ Entschuldigen Sie sich ein zweites und ein drittes Mal, wenn Sie spüren, dass es erforderlich ist, um das Gesprächsklima zu verbessern.

Schritt 2: V wie Verständnis zeigen

Die Entschuldigung in Schritt 1 wirkt auf viele Kunden bereits entwaffnend. Denn aus schlechter Erfahrung rechnen sie eher mit Widerstand als mit einem offenen Entgegenkommen. Im zweiten Schritt geht es nun darum, Verständnis für die Situation des Kunden aufzubringen. Der Kunde soll erkennen, dass Sie sich in seine Lage versetzen wollen und können. Damit bauen Sie bei ihm Vertrauen auf. Er sieht, dass Sie ihm weiterhelfen möchten. Beachten Sie in dieser Phase Folgendes:

❖ Betrachten Sie die Bearbeitung der Beschwerde oder Reklamation als eine persönliche Chance.
❖ Geben Sie dem Gesprächspartner das Gefühl, intensiv zuzuhören.
❖ Greifen Sie Formulierungen und Bemerkungen des Kunden auf und verwenden Sie diese in Ihrer eigenen Sprache.
❖ Setzen Sie Fragetechniken (s. S. 106) ein, um Verständnis zum Ausdruck zu bringen.
❖ Bereiten Sie sich auf eventuelle auftretende Beschwerden vor. Dann haben Sie ausreichend Sicherheit, um unvorhersehbare Situationen zu meistern.
❖ Unterbrechen Sie den Kunden nicht, selbst wenn er seine Situation noch einmal oder besonders detailliert schildert.
❖ Beziehen Sie Ärger und Vorwürfe nicht auf sich! Das hilft Ihnen, sachlich und sicher zu bleiben.

Schritt 3: A wie Analyse der Beschwerdeursache

Bis zu diesem Zeitpunkt haben Sie daran gearbeitet, Nähe zum verärgerten Kunden aufzubauen. Das ist dringend erforderlich, denn Sie können davon ausgehen, dass einer Beschwerde immer ein Problem zugrunde liegt, das den Kunden vom Unternehmen entfernt hat. Dieser erwartet in der Regel auch, dass Sie sich darum bemühen, Nähe wieder herzustellen.

Um eine passende Lösung finden zu können, die das Problem des Kunden beseitigt oder zumindest vergessen machen kann, müssen Sie herausfinden, worin sein Problem genau besteht. Häufig, aber nicht immer, wird der Kunde bereits von sich aus Gründe nennen. Lassen Sie sich aber nicht zu voreiligen eigenen Interpretationen hinreißen, fragen Sie lieber nach. Beachten Sie Folgendes:

- ❖ Stellen Sie Fragen, um den wirklichen Grund der Verärgerung zu erfahren.
- ❖ Vermeiden Sie es, nach geheimen Vorwänden und hintergründigen Absichten zu suchen, die hinter der Beschwerde stecken könnten. Versuchen Sie, den Kern der Beschwerde herauszufinden.
- ❖ Kommentieren Sie gegebenenfalls Ihre Fragen. Teilen Sie mit, dass Sie Interesse haben, die Ursache der Beschwerde zu erfahren, um zukünftige Fehler zu vermeiden und eine optimale Lösung zu finden.
- ❖ Bedanken Sie sich unter Umständen beim Kunden für seine Unterstützung und dafür, dass er Ihnen weiterhilft, die Beschwerde zu verstehen.
- ❖ Bedenken Sie, dass Sie mit Ihrem Verhalten wie ein Vorbild wirken, an dem der Beschwerdeführer sieht, wie auch er sich verhalten kann.

Schritt 4: A wie Auflösung der Beschwerde

Nachdem Sie die Beschwerde analysiert haben, können Sie nun die Lösung vorbereiten. Hier werden Sie häufig erleben, dass der Kunde bereits konkrete Vorstellungen hat, wie eine Lösung aussehen könnte. Es wird aber nicht immer möglich sein, sofort die perfekte Lösung zu finden. Begreifen Sie diesen Schritt als Prozess, in dem schrittweise gemeinsam mit dem Beschwerdeführer eine Lösung gesucht und erarbeitet wird. Eine gute Argumentationstechnik (s. S. 98) wird Ihnen hier wertvolle Dienste tun. Beachten Sie in diesem Schritt Folgendes:

❖ Konzentrieren Sie sich in diesem Schritt auf die Lösung, nicht auf die Ursachen und Probleme.

❖ Argumentieren Sie behutsam (s. S. 100). Vermeiden Sie Vorwürfe und Drohungen. Gehen Sie auf solche nicht ein.

❖ Lassen Sie sich Zeit, die Wirkung Ihrer Vorschläge zu prüfen. Machen Sie Pausen oder stellen Sie Fragen, auf die der Kunde reagieren kann.

❖ Legen Sie sich nicht zu früh auf eine Lösung fest.

❖ Binden Sie den Gesprächspartner in die Lösungssuche ein. Fragen Sie ihn, was er von dem Lösungsvorschlag hält, oder was er sich vorstellt.

❖ Bleiben Sie standhaft aber gesprächsbereit: Reagieren Sie bei überzogenen oder unrealistischen Forderungen, indem Sie auf die negativen Folgen der Umsetzung für Sie oder andere hinweisen.

❖ Verweisen Sie immer wieder auf das bisher Erreichte.

Schritt 5: A wie Abschluss

Beenden Sie das Gespräch nicht, ohne eine gemeinsame Vereinbarung zu treffen. Dies bedeutet nicht, dass das Gespräch in gegenseitiger Begeisterung enden muss. Vielmehr geht es darum, auch kleine Veränderungen und Annäherungen als positives Ergebnis festzuhalten.

Die Abschlussprüfung stellt damit eine Art gemeinsamer Vereinbarung dar, mit der der Kunde anerkennt, dass eine Lösungsannäherung erfolgt ist. Psychologisch fasst man so die Beschwerdebearbeitung in einen positiven Rahmen ein.

❖ Sprechen Sie es deutlich aus, wenn Ihnen bei der Lösungsfindung die Hände gebunden sind.

❖ Statt andere zu beschuldigen, betonen Sie, dass Sie alles tun, was in Ihrer Macht steht.

❖ Wenn Sie gegebenenfalls gerne mehr tun würden, aber an bestimmte Vorgaben gebunden sind, dann äußern Sie dies. Teilen Sie mit, wie diese Vorgaben letztlich allen Kunden dienen.

❖ Sagen Sie, dass Sie sich freuen, dass Sie weiterhelfen konnten. Tun Sie dies natürlich nur, wenn es wirklich der Fall war.

❖ Geben Sie auch bekannt, dass und wie Sie mit den Informationen aus der Beschwerde weiter verfahren werden.

❖ Bedanken Sie sich für die Informationen und Anregungen, die Sie aus der Beschwerde ziehen konnten.

Eine negative Abschlussprüfung bedeutet: zurück zu Schritt 1!

Das Vorgehen nach der EVA3-Methode schließt nicht unbedingt mit Schritt 5 ab. Die Methode hat den Charakter eines Algorithmus. Wenn also der Abschluss in Schritt 5 ergibt, dass kein zufrieden stellendes Ergebnis festgehalten werden kann, weil es beispielsweise immer noch Einwände des Kunden gibt oder sich die Gesprächsatmosphäre nicht erkennbar verbessert hat, dann bietet es sich an, erneut in Schritt 1 einzusteigen.

Dies wird in der Praxis häufiger vorkommen. Ein großer Vorteil der Methode liegt darin, dass im fünften Schritt die Möglichkeit gegeben ist, unmittelbar zu prüfen, ob die Lösungsarbeit erfolgreich war. Wenn dies nicht der Fall ist, dann gehen Sie wieder zurück zu Schritt 1. Allerdings sollten Sie sich nun nicht entschuldigen, sondern Ihr Bedauern äußern, dass die ersten Lösungsversuche keinen Erfolg gebracht haben. Sie fahren fort, indem Sie Verständnis zeigen (Schritt 2), dass die Situation des Kunden scheinbar eine weitere Lösungssuche erforderlich macht. In Schritt 3 analysieren Sie nur die Einwände des Kunden, und versuchen anschließend, in Schritt 4 eine Lösung zu erarbeiten, die diese berücksichtigt.

Dieses mehrmalige Durchlaufen der Lösungsstruktur ist natürlich nur im Telefonat oder im direkten Gespräch möglich. Bei der schriftlichen Beschwerdebearbeitung schließt es sich aus.

Verfahren Sie sich nicht: Bleiben Sie auf der Hauptstraße!

Eine Fußangel lässt erfahrungsgemäß besonders viele Servicekräfte bei der Beschwerdebearbeitung straucheln. Häufig lassen sie sich auf Nebenstraßen im Gespräch ein, die sie von der Lösungsfindung abbringen. Deshalb ist es wichtig zu erkennen, ob man im Gespräch wirklich vorankommt oder ob man auf der Stelle tritt. Es empfiehlt sich, nur auf solche Themen einzugehen, die eine konstruktive Gesprächsatmosphäre begünstigen und uns der Lösung näher bringen. Alles, was in diesem Sinne gedeutet werden kann, zählt zur Hauptstraße des Gesprächs. Alles andere sollten Sie gezielt überhören. Dazu gehören: Andeutungen, die auf weitere Problemthemen lenken sollen oder die Beschimpfung unbeteiligter Personen sowie Schilderungen von nicht unmittelbar prüfbaren Zusammenhängen.

Wiederholt negative Abschlussprüfung bedeutet: Sonderfall!

Sollten Sie bei besonders schwierigen Beschwerdegesprächen dennoch in einer Sackgasse landen, dann haben Sie einen wirklich hartnäckigen Kunden erwischt. So etwas kommt selten vor, aber es lässt sich nicht ausschließen. Spätestens wenn Sie merken, dass auch nach dem dritten Lösungsvorschlag beim Kunden kein Anzeichen eines Entgegenkommens sichtbar wird, dann benötigen Sie eine zusätzliche Strategie. Diese folgt auf Seite 92.

Sollte das Gespräch sich als völlig aussichtslos darstellen, weil etwa der Kunde weiterhin persönliche Angriffe startet, obwohl Sie sich entschuldigt haben, sich ernsthaft bemüht haben, Verständnis zu zeigen, Lösungen angeboten haben, dann sollten Sie das Gespräch auf eine kompetente Art und Weise beenden – ohne Ihr Gesprächsniveau zu verlassen. Wie das geht, erfahren Sie auf Seite 94.

Reklamation oder Beschwerde?

Bei einer Reklamation hat der Kunde einen rechtlich gesicherten Anspruch auf eine Leistung. Sie können dennoch nach der EVA3-Methode handeln. Allerdings werden Sie bei einer Reklamationsbearbeitung in vielen Fällen sofort wissen, was zu tun ist. Deshalb können Sie nach Schritt 2 sofort zur Auflösung des Problems (Schritt 4) übergehen. Die Analyse der Reklamationsursache erfahren Sie in der Regel schon in Schritt 2. Wenn Sie jedoch genauere Informationen wünschen, etwa um zukünftige Reklamationen zu vermeiden, dann initiieren Sie die Analysephase, nachdem das Problem beseitigt wurde.

Lernen Sie aus der Beschwerde

Wenn Sie die Beschwerdebearbeitung abgeschlossen haben, dann haben Sie die Chance, es sich in Zukunft leichter zu machen. Sie können nämlich Fehlerquellen beseitigen. Oft reicht ein Anruf aus, um Kollegen oder Mitarbeiter zu informieren.

Mit Hilfe solcher Informationen lassen sich grundlegende Probleme erkennen und beseitigen. So können unterschiedliche Ebenen und Bereiche des Unternehmens zusammenarbeiten, um die interne Qualitätssicherung des Unternehmens zu gewährleisten.

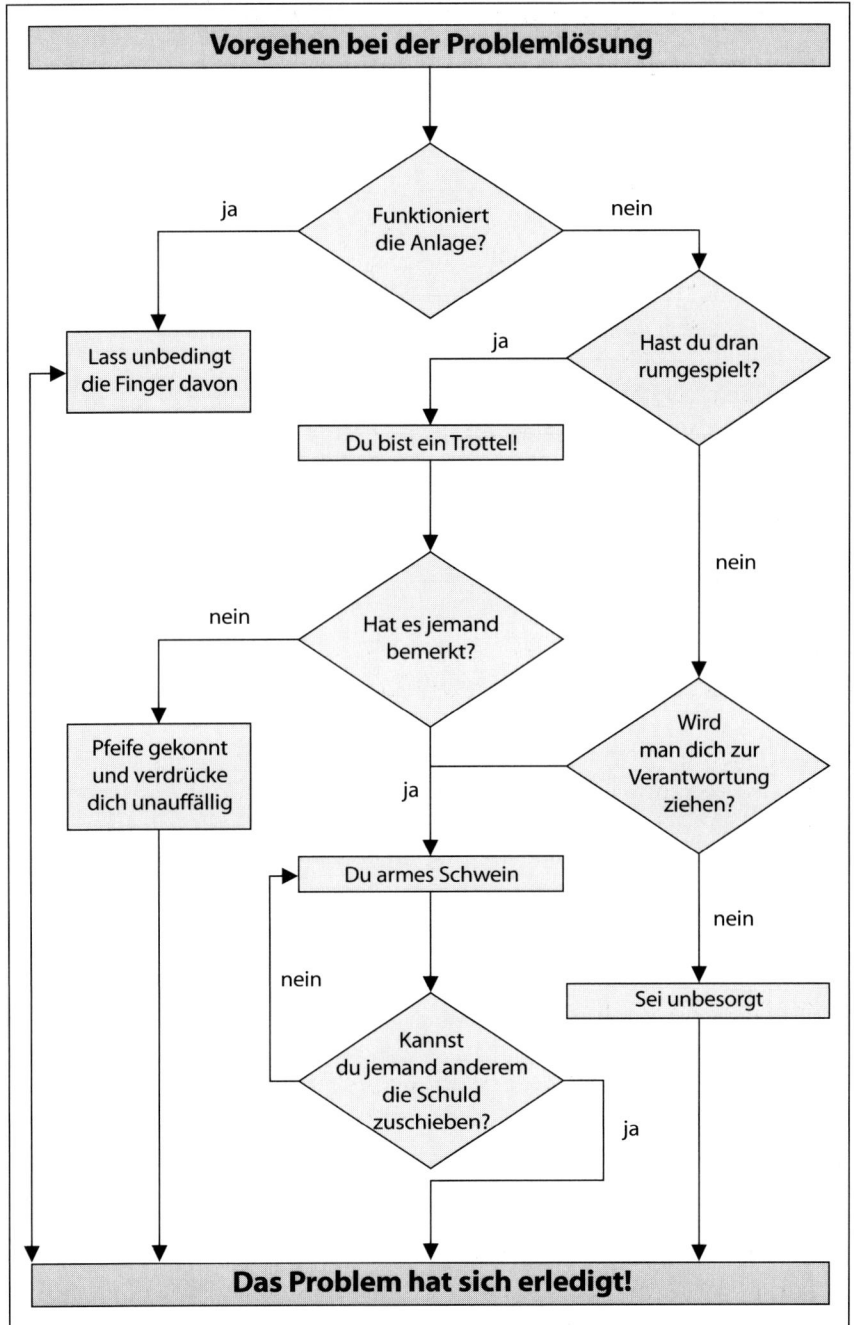

Ein Büroplakat, wie man sich bei der Bearbeitung eines Problems verhalten sollte

Die »Wunderfrage« – wenn Gespräche sich im Kreis drehen

Eine wirklich kritische Situation bei der Bearbeitung einer Beschwerde oder Reklamation ist, wenn man im Laufe des Gesprächs trotz aller Eigeninitiative feststellt, dass das Gespräch sich ständig im Kreis dreht. In diesem Moment stellt sich ein Gefühl der Hilflosigkeit ein. Sie haben sich bemüht, dem Gesprächspartner weiterzuhelfen und haben bereits einige Vorschläge angeboten. Der Kunde hat an allen Lösungsansätzen etwas auszusetzen, und Sie suchen möglicherweise immer noch nach einer weiteren Alternative, was Sie eventuell noch anbieten könnten.

Erkennen Sie, wann die Grenzen des Möglichen erreicht werden

In der geschilderten Situation ist ein Punkt erreicht, an dem es wichtig ist zu erkennen, dass der Gesprächsausgang nicht mehr allein durch Ihre Leistung beeinflusst werden kann. Wenn Sie nach der EVA3-Methode vorgegangen sind, dann werden Sie bereits einige greifbare Vorschläge gemacht haben. Zumindest der eine oder andere Vorschlag müsste ein Entgegenkommen des Beschwerdeführers bewirkt haben. Zeigt er dagegen keine Reaktion, die erkennbar macht, dass er Ihr Entgegenkommen und Engagement würdigt, dann dürfen Sie sicher sein, dass Ihnen auch weitere Lösungsvorschläge nicht helfen werden.

Damit ist der Zeitpunkt gekommen, die Strategie für die weitere Vorgehensweise zu verändern. Konkret heißt das: Keine weiteren Lösungsvorschläge, sondern Abgeben von Verantwortung.

Die Wunderfrage, um Verantwortung zu teilen

Schritt 1: Was waren meine bisherigen Lösungsangebote?

Rekapitulieren Sie zunächst Ihre Leistungen, mit denen Sie Engagement und Entgegenkommen gezeigt haben. Sie können sich beispielsweise während des Telefonats Notizen machen, um Wesentliches nicht zu vergessen.

Seien Sie bereits aufmerksam, wenn der Gesprächspartner bereits beim ersten Vorschlag Widerspruch einlegt oder diesen sogar ganz überhört. Notieren Sie sich beispielsweise:

❖ Ganze Zeit aufmerksam zugehört und ruhig geblieben – keine Entspannung der Situation.

❖ Angeboten, das Gerät reparieren zu lassen.

❖ Entgegenkommen: wir übernehmen die Reparaturkosten.

Schritt 2: Zählen Sie die Lösungsvorschläge auf

In diesem Schritt benennen Sie, was Sie bisher vorgeschlagen haben, und Sie sagen auch, wie Sie sich fühlen oder wie Sie die aktuelle Situation beurteilen. Beispielsweise:

»Herr Preen, ich habe mir viel Zeit genommen, um Ihr Problem zu verstehen, ich habe Ihnen vorgeschlagen, dass wir das Gerät zur Reparatur entgegennehmen und bin Ihnen dahingehend entgegengekommen, dass wir die Reparaturkosten übernehmen werden. Ich bin enttäuscht, dass Sie auf alle diese Vorschläge nicht eingehen ...«

Schritt 3: Stellen Sie die »Wunderfrage«

Da Sie bereits alle Lösungsvorschläge gemacht haben, die Ihnen eingefallen sind, und alle abgewiesen wurden, geht es nun darum, die andere Person an der Lösungssuche zu beteiligen – und damit die Mitverantwortung einzufordern. Stellen Sie die »Wunderfrage«:

»Was schlagen Sie vor, wie wir zu einer Lösung kommen können?«

Warten Sie dann unbedingt darauf, dass Ihre Frage wirklich beantwortet wird. Denn oft folgen Ausweichmanöver. Wiederholen Sie gegebenenfalls beharrlich Ihre Frage. Beispielsweise:

»Sagen Sie doch bitte, was schlagen Sie vor, wie wir eine Lösung finden können?«

Notfallstrategie: Ein aussichtsloses Gespräch beenden

Es wird Ihnen wahrscheinlich selten passieren, dass die hoffnungslose Situation eintritt, dass Ihr Gesprächspartner Sie nur beschimpft. – Weder das Vorgehen nach der EVA3-Methode noch die »Wunderfrage« haben zur gewünschten Beruhigung geführt. Natürlich ist es sinnvoll, weiterhin sachlich zu bleiben und rational weiterzuhandeln. Das hilft aber auch nicht, denn das Gespräch dreht sich nicht mehr nur im Kreis, sondern es ist in einer Sackgasse stecken geblieben. Versucht man, weiterhin rational und sachlich zu bleiben, führt dies häufig doch dazu, aus dem Gefühl heraus zu handeln und dem Gesprächspartner schließlich allen Ärger zurückzugeben, indem man etwa ebenfalls schimpft, laut wird oder (am Telefon) den Hörer auflegt.

Wahrnehmen, was einen ärgert

Stellen Sie zunächst sicher, dass die Voraussetzungen gegeben sind, das Gespräch zu beenden. Sie müssen so präzise wie möglich erfassen, was genau Sie ärgert. Dazu »schalten Sie Ihr Herz ein«. Konzentrieren Sie sich auf Ihr Gefühl, darauf, ob Sie Folgendes während der Beschwerdebearbeitung erleben:

- ❖ Sie haben sich sehr bemüht und mehrere Lösungsvorschläge gemacht.
- ❖ Sie spüren eine gewisse Ratlosigkeit.
- ❖ Sie haben keine weiteren Ideen mehr, wie Sie weiterkommen könnten.
- ❖ Sie bekommen das Gefühl, Sie müssten noch eine »perfekte« Lösung präsentieren.
- ❖ Sie gewinnen den Eindruck, ihr Gesprächspartner ist gar nicht an einer Lösung interessiert.

Wie Sie das Gespräch kompetent und sachlich abbrechen

Da das Gespräch aussichtslos erscheint und alle Möglichkeiten ausgeschöpft sind, es zu einem einvernehmlichen Ende führen zu können, sollten Sie es möglichst sachlich beenden. Sobald Sie das Gefühl haben, dass dies die richtige Entscheidung ist, »schalten Sie Ihren Kopf ein«. Handeln Sie vernünftig und sachlich, Sie können auch Ihren Ärger benennen. Sagen bzw. machen Sie Folgendes:

❖ »Ich fühle mich jetzt …« (Gefühl benennen)/»Ich bin jetzt …« (Gefühl benennen)
❖ »Ich habe Ihnen jetzt *vorgeschlagen*, …«(Aufzählen, was Sie bisher getan haben)
❖ »Ich habe mich *bemüht* …« (konkret sagen, worum Sie sich bemüht haben)
❖ »Ich *werde* das Gespräch jetzt *beenden*, weil ich keine Möglichkeiten mehr erkennen kann.«
❖ Und Sie handeln und beenden das Gespräch!

Beenden eines aussichtslosen Gesprächs

Die Situation: Der Kunde hat sich bis zu diesem Zeitpunkt nicht beruhigt. Er hat Sie immer wieder persönlich angegriffen und ist auf keinen Ihrer Lösungsvorschläge eingegangen. Sie sind ruhig geblieben, haben zugehört, geantwortet, die Angriffe überhört und sich bemüht, konstruktiv und entspannend auf den Gesprächspartner zu wirken. Ohne Erfolg.
Ihre Reaktion: »Ich bin jetzt wütend, Herr Beckmann. Ich habe Ihnen vorgeschlagen, dass wir das Gerät zur Reparatur entgegennehmen und bin Ihnen darin entgegengekommen, dass wir die Reparaturkosten übernehmen. Ich habe mich bemüht, Ihre Situation zu verstehen und Ihnen Lösungen anzubieten. Sie sind auf keine eingegangen. Ich werde das Gespräch jetzt beenden, weil ich keine andere Möglichkeit mehr sehe.«
Sie beenden das Gespräch.

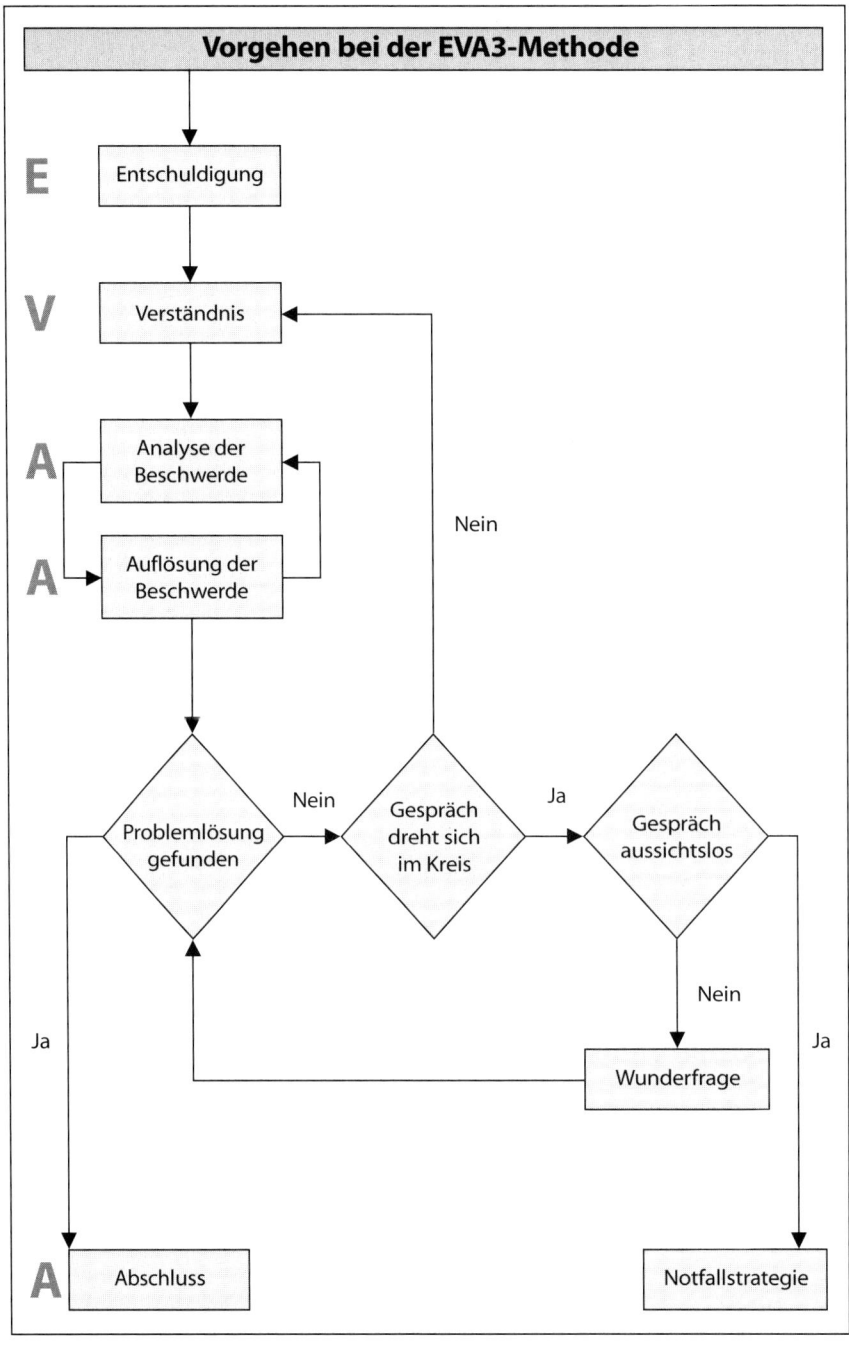

Kapitel 5
Methoden und Techniken zur Erleichterung der Beschwerdearbeit

In diesem Kapitel erfahren Sie, wie Sie sich bei einer erfolgreichen Beschwerdebearbeitung am besten verhalten können. Sie lernen verschiedene Techniken kennen, die Sie in den einzelnen Phasen des EVA3-Modells wirkungsvoll einsetzen können.

Das Kapitel im Überblick

❖ Argumentationstechnik: Geschickt verhandeln

❖ Fragetechniken: Das Verständnis erhöhen

❖ Partnerschaftlicher Sprachstil: Kompetent und engagiert wirken

❖ Körpersprache: Den Kontakt zum Kunden verbessern

Argumentationstechnik: Geschickt verhandeln

Die richtige Argumentation ist wichtig. Oftmals reichen aber gute Argumente oder zuvorkommende Gesten nicht aus. Wie schwierig es bisweilen ist, zeigen auch einige Kommentare aus der Praxis:

- ❖ »Viele verärgerte Kunden gehen gar nicht auf meine Argumente ein.«
- ❖ »… die wollen lieber erzählen als zuhören.«
- ❖ »Bei einigen meint man, die wollen nur ihren Frust ablassen.«
- ❖ »Der hat es nach drei Erklärungen immer noch nicht verstanden.«

Es mag den ein oder anderen Leser beunruhigen, aber viele der beschriebenen Situationen sind von den zitierten Personen mitverursacht! Denn eine wirklich geschickte Argumentation hätte die meisten Situationen gar nicht entstehen lassen bzw. diese wären anders wahrgenommen worden.

Zwei typische ungeschickte Argumentationsformen

Bemühen alleine reicht nicht aus, um wirklich gut zu argumentieren! Zwei auf den ersten Blick ähnlich erscheinende Problemsituationen, die Sie vielleicht selber erlebt haben, sollen dies verdeutlichen.

Problemtyp 1: »Ich bin doch freundlich – warum tut sich nichts?«

Vielleicht kennen Sie das: Sie bemühen sich, höflich zu sein, hören zu, sind freundlich und entgegenkommend, wählen passende Formulierungen. Kurz: Sie verhalten sich kundenorientiert.

Dennoch lenkt der Gesprächspartner nicht ein und bleibt verärgert. Zurecht könnten Sie also denken: »Ich bin doch freundlich – warum tut sich nichts?«

Problemtyp 2: »Ich reiße mir ein Bein aus – warum tut sich nichts?«

Oder Sie kennen dies: Sie überlegen, was den Kunden zufrieden stellen könnte, schlagen Lösungen vor, bis Ihnen keine mehr einfällt. Sie machen, was machbar ist. Dennoch wirkt der Kunde undankbar. Zurecht könnten Sie denken: »Ich reiße mir ein Bein aus – warum tut sich nichts?«

Bemühen alleine reicht nicht aus

Möglicherweise erkennen Sie, warum sich in den geschilderten Situationen nichts bewegt hat. Beide Problemtypen entstehen aus einer einseitigen Betrachtung der Argumentationskette. So achtet die Person in Problemtyp 1 zwar darauf, dass sie freundlich ist. Gleichzeitig aber vernachlässigt sie, auf der sachlichen Ebene überzeugend zu argumentieren. Dieses Defizit wirkt auf den verärgerten Kunden wie eine Ablenkungsstrategie. Die Freundlichkeit wirkt aufgesetzt. Deshalb entsteht keine gemeinsame Basis.

Die Person in Problemtyp 2 hingegen arbeitet engagiert an Lösungen, bietet stichhaltige und unwiderlegbare Argumente. Ihre Probleme entstehen aus der betonten Sachlichkeit. Sie vernachlässigt es, freundlich und verständnisvoll auf den Kunden zuzugehen.

Wirklich überzeugend kann auf verärgerte Kunden nur eingegangen werden, wenn beide Aspekte gleichermaßen berücksichtigt werden. Die richtige Mischung, die Balance zwischen diesen beiden Aktionsebenen macht den Erfolg aus.

Überzeugen statt Überreden

Vergegenwärtigen Sie sich noch einmal die Besonderheiten der Beschwerdesituation. Erstens: Der Kunde ist verärgert, vielleicht sogar wütend. Zweitens: Diese Gefühle sind entweder gerichtet auf das Produkt, die Dienstleistung, das Unternehmen oder eine bestimmte Person, mit der der Kunde zu tun hatte oder gerade zu tun hat.

Wenn Sie sich selbst in einer solchen Situation erlebt haben – und ich gehe davon aus, dass kaum ein Leser diese Situation nicht kennt –, dann werden Sie mit mir übereinstimmen, dass das Abwehrpotenzial eines verärgerten Kunden zu hoch ist, um sich mit Überredungstaktiken beschwichtigen zu lassen. Diese Strategie wird in der Regel die Abwehrhaltung noch verstärken.

Einzig eine wirklich stichhaltige Argumentation bietet die Chance zu überzeugen und einen Wandel im Sinne von Entspannung und Zufriedenheit zu bewirken. Diese Chance garantiert natürlich noch nicht den Erfolg. Aber es gibt keine Alternative zu dieser Gesprächstaktik.

Die zwei Aktionsebenen der Argumentation

In den Schritten 1 und 2 der EVA3-Methode entschuldigen Sie sich zunächst und zeigen dann Verständnis für die Situation des Kunden. So stellen Sie eine Beziehung zu Ihrem Gesprächspartner her. Auch in den folgenden Schritten, die auf den ersten Blick sehr inhaltsorientiert erscheinen mögen, bleibt die Beziehungsebene zum Gesprächspartner wichtig. Es muss aber aus der Sicht des Kunden auch eine Lösung erkennbar werden.

Wenn Sie die beiden folgenden Aktionsebenen bei Ihrer Argumentation beachten und in Balance halten, werden Sie die oben geschilderten Problemtypen nicht mehr erleben.

Beziehungsebene	**Argumentationsebene**
Sie erreichen den verärgerten Kunden durch Offenheit und Verständnis für seine Lage.	Sie erreichen den verärgerten Kunden durch sachlich korrekte Argumente und Lösungsvorschläge.
Das Vernachlässigen dieser Aktionsebene führt zu Situationen, wie in Problemtyp 2 beschrieben.	Das Vernachlässigen dieser Aktionsebene führt zu Situationen, wie in Problemtyp 1 beschrieben.

Sechs Tipps, um auf der Beziehungsebene Kontakt zu halten

Mit den folgenden Techniken können Sie auf der Beziehungsebene Kontakt zum Kunden aufbauen und halten:

❖ **Lassen Sie den Gesprächspartner aussprechen!**
Einander aussprechen zu lassen ist ein Kennzeichen von Respekt und Aufmerksamkeit. Widerstehen Sie der Versuchung zu unterbrechen.

❖ **Missverständnisse durch Fragetechnik vermeiden!**
Die ab Seite 106 vorgestellten Fragetechniken sind das Abc der Kommunikation, mit denen Sie unnötige Missverständnisse vermeiden.

❖ **Schaffen Sie innere Distanz zu Drohung und Wut!**
Sorgen Sie mit den Bausteinen 4 und 5 (s. S. 61 und 65) für innere emotionale und mentale Unabhängigkeit, um auch bei Angriffen kontaktbereit zu bleiben.

❖ **Achten Sie darauf, wo Ihr wunder Punkt ist!**
Werden Sie sich der Impulsgeber bewusst, mit denen man Sie auf die Palme bringen kann. Steuern Sie sich, statt gesteuert zu werden.

❖ **Schaffen Sie eine »Ja-Haltung«.**
Jedes »Ja« im Gespräch sorgt für ein Gefühl gegenseitigen Verständnisses. Mit Fragen steuern Sie die Zahl der »Ja«- bzw. »Nein«-Reaktionen.

❖ **Tipp 6: Denken und sprechen Sie partnerschaftlich.**
Denken Sie in der »Wir-Form«. Gemeinsam mit dem Kunden ergründen und lösen Sie das Problem, nicht etwa gegen oder für ihn. Benutzen Sie das »Wir« auch in Ihren Formulierungen.

Sachargumente sind bisweilen nicht erforderlich

Häufig unterliegen Servicemitarbeiter dem Trugschluss zu glauben, eine Lösung müsse sofort greifbar sein. Bei einer Reklamation wird die Lösung in den meisten Fällen so aussehen, dass der Kunde das Produkt repariert bekommt, Ersatz geliefert wird oder er einen Nachlass erhält. Das meine ich hier mit greifbar. Bei einer Beschwerde ist aber eine solche sofortige Lösung nicht zwingend erforderlich. Viele Kunden sind bereits zufrieden, wenn Sie erleben, dass man ihre Beanstandung ernst nimmt. Ein befriedigendes Ergebnis ist für sie schon erreicht, wenn der Servicemitarbeiter genau diesen Eindruck vermitteln kann. Sie können sich sicher vorstellen, dass ein Mitarbeiter, der dies nicht bemerkt, weiter nach »greifbaren« Lösungen suchen wird, und schließlich sogar ärgerlich wird, wenn der Kunde diese gar nicht annehmen will. Für Kunden dieses Typs ist die Arbeit auf der Beziehungsebene ausreichend.

Natürlich gibt es auch Kunden, die sich nur mitteilen wollen und gar nicht an einer wirklichen Sachlösung interessiert sind. Die Bandbreite reicht vom harmlosen Mitteilungsbedürfnis bis zum Abreagieren eigener Frustration. Aber solche Kunden sind in der Praxis eher selten. Auch bei ihnen ist die Arbeit auf der Argumentationsebene nicht erforderlich. Konzentrieren Sie Ihre Energien bei solchen Kunden ausschließlich darauf, auf der Beziehungsebene Kooperationsbereitschaft zu signalisieren.

> »Alle Kunden sind gleich – mir jedenfalls.«

Sechs Tipps für ein erfolgreiches Argumentationsverhalten

Was können Sie nun auf der Argumentationsebene bei einem gesprächsbereiten Kunden beachten? Mit dem Anwenden der folgenden Tipps erreichen Sie, dass Ihre Argumentation aufgenommen und verstanden wird:

❖ **Keine Formulierungen verwenden, die Druck erzeugen!**
Eine Argumentation, die Druck erzeugt, vermittelt immer, dass man überredet und zur Zustimmung gebracht werden soll. Um zu überzeugen muss die Argumentation, nicht Ihr Verhalten, zwingend sein.

❖ **Nonverbale Signale beachten, die Unverständnis signalisieren.**
Argumentieren Sie nicht ins Blaue hinein, sondern beobachten Sie Ihren Gesprächspartner, wie dieser Ihre Ausführungen aufnimmt. Warten Sie nicht, bis Unverständnis oder Ablehnung verbal geäußert wird. Sie wirken kompetenter, wenn Sie Zweifel und Fragen bereits frühzeitig am Verhalten erkennen.

❖ **Durch Beteiligung ein besseres Verständnis schaffen.**
Wann immer sich die Gelegenheit bietet, sollten Sie Ihrem Gesprächspartner die Möglichkeit einräumen, selbst Punkte Ihrer Argumentation auszusprechen. Gelingt dies, kann er auch Ihre Entscheidungen und Zwänge leichter akzeptieren und mittragen.

❖ **Passen Sie sich dem Beschwerdeführer an!**
Unterschiedliche Menschen haben ein individuelles Vorgehen. Gut informierte Kunden wollen beispielsweise eher gefragt und ins Gespräch eingebunden werden. Schlecht informierte und unsichere Personen dagegen brauchen Struktur und sprachlich einfache Erklärungen.

❖ **Rast machen und Zustimmung einholen.**
Kleine Zwischenfragen und Nachfragen geben Ihnen die Möglichkeit abzusichern, ob Ihre Argumentation verstanden und akzeptiert wird, wo ein Widerspruch existiert, wo nachgehakt werden muss. Jede Etappe, bei der Sie eine Zustimmung bekommen haben, erlaubt ein Wiederaufgreifen in schwierigeren Phasen des Gespräches.

❖ **Kleine Portionen lassen sich besser verdauen.**
Wenn man viele Argumente auf einmal vorbringt, dann verlieren die Einzelargumente an Gewicht und gehen zum Teil unter. Verhindern Sie das. Bringen Sie Ihre Argumente nach und nach. Nehmen Sie sich die Zeit. Eine gute Argumentation besticht durch einen geschickten Aufbau und Geduld bei der Wahl für den richtigen Zeitpunkt.

Sechs Tipps, wie Sie auf der Argumentationsebene überzeugen

Die folgenden Techniken erweitern Ihre Argumentationskompetenz. Sie tragen dazu bei zu überzeugen und sicher zu wirken:

❖ **Niemals sofort widersprechen!**
Vermeiden Sie unmittelbaren Widerspruch und Ablehnung. Selbst wenn Sie anderer Meinung sind und die Fakten keine Wahl lassen, sollten Sie zunächst zuhören und eine Prüfung der Sachlage erwägen, bevor Sie widersprechen.

❖ **Sprechen Sie über Lösungen, Ihr Ziel und das Erreichte!**
Gehen Sie auf Vorwürfe und Drohungen nicht ein. Wiederholen Sie immer wieder, dass Sie an einer Lösung interessiert sind. Sagen Sie, dass Sie das Ziel haben weiter zu helfen, wiederholen Sie, was bereits gemeinsam erreicht wurde.

❖ **Stellen Sie nicht die Leistung, sondern ihren Vorteil heraus!**
Eine besondere Leistung zu beschreiben überzeugt erst, wenn der Vorteil, den sie bietet, erkennbar wird. Insbesondere bei technischen Leistungen ist dies wichtig. Setzen Sie nicht voraus, dass Ihr Gesprächspartner den Vorteil schon von sich aus erkennt.

❖ **Erklären Sie die Zwänge, in denen Sie sich befinden!**
Wenn Sie an Vorgaben gebunden sind, dann machen Sie das unmissverständlich klar. Statt Schuld auf andere zu schieben oder zu lamentieren, betonen Sie lieber immer wieder, dass Sie alles tun, was im Rahmen Ihrer Möglichkeiten liegt.

❖ **Bleiben Sie ehrlich!**
Verzichten Sie auf Lügen und unnötige Beschönigungen. Nehmen Sie dem Gesprächspartner die Angriffsfläche, indem Sie ehrlich sind.

❖ **Halten Sie Zahlen und Fakten bereit!**
Besorgen Sie sich Zahlenmaterial, Statistiken, Testergebnisse und Vergleichsdaten, um Ihre Argumentation zu untermauern. Bereiten Sie sich vor, bringen Sie die Daten aber erst, wenn es wirklich erforderlich ist.

Übung: Wo lag das Problem?

Zu Beginn dieses Kapitels habe ich Kommentare von Servicemitarbeitern vorgestellt. Nachdem Sie die Tipps in diesem Kapitel gelesen haben, können Sie sicher beschreiben, worin das Argumentationsproblem der Personen jeweils besteht und was Sie beachten sollten. Decken Sie die Seite unten ab, um nicht vorab die Lösungsvorschläge zu lesen.

1. »Viele verärgerte Kunden lassen sich gar nicht auf meine Argumente ein.«

. . . .

. . . .

2. »… die wollen lieber erzählen als zuhören.«

. . . .

. . . .

3. »Bei einigen hat man den Eindruck, die wollen ihren Frust nur ablassen.«

. . . .

. . . .

4. »… der hat es nach dreimaligem Erklären immer noch nicht verstanden.«

. . . .

. . . .

Lösungsvorschläge:

1. Person aussprechen lassen. »Ja-Haltung« aufbauen. Partnerschaftlich sprechen. Kleine Formulierungen, die Druck erzeugen. Früher auf Unverständnis des Gegenübers reagieren. Nicht sofort widersprechen. Sich dem Beschwerdeführer anpassen.

2. Aussprechen lassen und Geduld beweisen. Oft ist Zuhören genau die Lösung, die der Gesprächspartner wünscht.

3. Stimmt! Achten Sie auf Ihre Impulsgeber. Schaffen Sie innere Distanz. Verzichten Sie auf Argumentation, wenn Sie merken, dass keine Offenheit herzustellen ist.

4. Fragetechniken anwenden. Gesprächspartner ausreden lassen. Nonverbale Signale für Unverständnis beachten. Zustimmung einholen. Kleine Portionen an Informationen geben.

Fragetechniken: Das Verständnis erhöhen

Bei der EVA3-Methode geht es in den Schritten 3 und 4 um die Analyse und Auflösung der Beschwerde. Hier wird Ihnen der geschickte Einsatz von Fragetechniken gute Dienste leisten. Sie fragen sich warum? Nun, Fragetechniken zu beherrschen ist eine elementare Kompetenz jedes guten Kommunikators. In Kommunikationstrainings wird die Fähigkeit gut zuzuhören immer als eine der wichtigsten Eigenschaften genannt, die einen angenehmen Gesprächspartner auszeichnen. Passende Fragen zu stellen ist eine der besten Möglichkeiten zu zeigen, dass man wirklich zuhört. Aber Fragen bieten noch mehr:

❖ *Offene Fragen* zeigen dem Gesprächspartner, dass man zuhört und Interesse hat.
❖ *Steuernde Fragen* erlauben eine direkte Beeinflussung des Gesprächsverlaufs.
❖ *Ehrliche Fragen* helfen, Aggressionen abzubauen, weil sie Offenheit demonstrieren.
❖ *Rhetorische Fragen* kann man als indirekte Form benutzen, um eine abweichende Meinung darzustellen.
❖ *Prüfende Fragen* bieten Ihnen die Möglichkeit, Ihren Gesprächspartner besser einzuschätzen.
❖ *Vertiefende Fragen* geben Zeit, neue Gedanken zu formulieren.

Fragen haben viele gute Wirkungen

Wenn Sie Fragen stellen, geht es um mehr als nur darum, eine Antwort zu erhalten. Fragen sind für Sie die einzige Möglichkeit, die Zusammenhänge einer Beschwerde besser zu verstehen. Gleichzeitig zeigen Sie durch Fragen auch Verständnis für die Situation des Kunden. Genau aus diesem Grund sollten Sie die zusätzliche Zeit, die das Fragen und das Abwarten der Antwort kostet, als gute Investition ansehen, die Ihren Gesprächserfolg beträchtlich erhöhen wird. Überstürzte Antworten auf die Anfrage von verärgerten Kunden sowie voreilige Lösungsangebote führen oft genug zu unnötigen weiteren Problemen und notwendigen Nacharbeiten.

Ein sorgfältiges Ausloten der Situation mit verschiedenen Frageformen zu Beginn des Gespräches wird Ihnen vielleicht unnötig erscheinen. In der Endphase des Gesprächs, wenn es um die Anbahnung der Lösung geht, zahlt sich diese Geduld aber aus. Sie spielen die Zeit zudem wieder ein, da Sie präziser reagieren können.

Bei vielen Servicemitarbeitern gewinnt man den Eindruck, sie stellen Fragen nur dann, wenn ihnen eine Information fehlt. Fragen dienen aber nicht nur dazu, Sachinformationen zu erhalten. Sie haben ebenso eine kontaktbildende Funktion, denn sie zeigen auf der Beziehungsebene Interesse und Offenheit sowie Bemühen um Verständnis. Deshalb kann eine zusätzliche Frage auch dann wertvoll für den Gesprächsprozess sein, wenn sie keine neuen Sachinformationen bringt oder wenn sie nur bestätigt, was man bereits ahnt oder weiß.

Im Folgenden stelle ich für Sie einige unterschiedliche Frageformen zusammen je nachdem, welche Wirkungen Sie damit in erster Linie erzielen können.

Fragen, mit denen Sie Informationen erhalten

Diese Fragen stellen Sie, um sich ein genaues Bild von der aktuellen Situation machen zu können. Bedenken Sie, dass offene Fragen, also W-Fragen (wer, wie, wann, was, warum, wo …), am besten geeignet sind, den Gesprächspartner zu ermuntern, Ihnen umfangreiche Informationen zu liefern.

Ein Tipp: Stellen Sie gezielt Höflichkeitsformen voran, wie es in den Beispielsätzen zu lesen ist. Dadurch nehmen Sie den Fragen den Verhörcharakter und Ihr Verhalten wirkt bei der Informationssammlung eleganter:

»Darf ich Sie fragen, wann genau …«
»Ach ja, schön, und wie genau …«
»Würden Sie mir bitte beschreiben, was …«
»Könnten Sie mir darstellen, wer …«
»Sie könnten mir helfen, indem Sie mir sagen, wo …«
»Ich kann Ihnen am besten helfen, wenn ich weiß, wodurch …«

Fragen, mit denen Sie Missverständnisse vermeiden

Mit diesen Fragen stellen Sie während des Gesprächsverlaufs sicher, dass Sie inhaltlich noch auf der gleichen »Frequenz senden«. Warten Sie nicht erst, bis Sie festgestellt haben, dass ein Missverständnis vorliegt, das Sie beseitigen müssen. Stellen Sie auch in einem gut verlaufenden Gespräch diese Art von Fragen. So halten Sie Gesprächskontakt und geben sich und dem Gesprächspartner die Rückversicherung, dass Sie einander verstehen. Folgende Fragen eignen sich:

> »Ist das, was ich beschrieben habe, verständlich?«
> »Meinen Sie damit …?«
> »Darf ich noch einmal kurz nachfragen, damit ich diesen Punkt wirklich richtig verstehe …?«
> »Sie sagten gerade …?«
> »Was verstehen Sie unter … genau?«

Fragen, mit denen Sie die Gefühlslage des Gesprächspartners spiegeln

Mit diesen Fragen zeigen Sie dem Gesprächspartner unmittelbar, dass Sie sich in seine emotionale Lage hineinversetzen und nachvollziehen können. Diese Art von Fragen sind der floskelhaften Formulierung »Ich kann Sie ja verstehen, …« oder »Ich kann verstehen, dass Sie … sind« weit überlegen, weil sie genauer und ehrlicher wirken. Sie schaffen einen sehr direkten Kontakt. Solche Fragen sind manchmal auch als Aussagen formulierbar, wirken aber dennoch wie eine Frage, weil sie zu einer Reaktion auffordern.

> »Sie sind wahrscheinlich sehr sauer darüber …?«
> »… und das hat Sie sehr enttäuscht?«
> »Jetzt haben Sie den Kauf wahrscheinlich schon bereut?«
> »Das kann einen natürlich schon ärgerlich machen.«
> »Das klingt, als ob Sie jetzt eine schnelle Lösung möchten?«

Fragen, mit denen Sie den Gesprächspartner an Entscheidungen beteiligen

Wenn Sie den Gesprächspartner an abschließenden Entscheidungen beteiligen, erhöht sich seine innere Bereitschaft, die Entscheidung emotional zu bejahen. Beschaffen Sie sich über Rückversicherungen die Akzeptanz Ihrer Vorschläge, beispielsweise indem Sie sagen:

»Ist es in Ihrem Interesse, wenn …?«
»Es stehen also zwei Möglichkeiten zur Wahl. Wollen Sie … oder …?«
»Es gibt die Möglichkeit, … zu machen. Wären Sie damit einverstanden?«
»Ich kann Ihnen nur … anbieten. Können Sie das akzeptieren?«
»Ich hab Ihnen vorgestellt, was in diesem Fall möglich ist. Wie möchten Sie sich entscheiden?«
»Fällt Ihnen noch eine Alternative ein?«
»Wenn wir einmal die möglichen Lösungen in Betracht ziehen, welche präferieren Sie?«

Partnerschaftlicher Sprachstil: Kompetent und engagiert wirken

Wenn Sie wirklich Interesse am Kunden haben, seine Position respektieren und sich um eine Lösung seines Problems bemühen, dann wird es Ihnen gelingen, im Gespräch Schritt für Schritt der Lösung näher zu kommen.

Dabei sollten Sie auf einige Formulierungen achten, die bei den meisten Menschen eine Reizwirkung haben. Diese Formulierungen wirken wie Tretminen. Je mehr von ihnen im Gespräch verteilt werden, desto höher ist die Wahrscheinlichkeit, dass der Gesprächspartner explodiert. In der Beschwerdebearbeitung geht es aber darum, den Gesprächspartner zu beruhigen! Werden Sie daher sensibel für die Wirkung Ihrer Sprache. Versuchen Sie bewusst, ungünstige Formulierungen zu vermeiden und einen partnerschaftlichen Sprachstil aufzubauen. Es ist nur eine Frage der Übung, bis Ihnen das ganz mühelos gelingt.

Die Befürchtung künstlich zu klingen ist unbegründet

Wenn man seine Sprache bewusster wahrnimmt und versucht, neue Formulierungen einzusetzen, dann ist das zu Beginn wie Vokabellernen. Anfangs klingen diese neuen Formulierungen völlig fremd. Das ist ganz normal, denn bisher haben Sie ja intuitiv eine andere Sprache verwendet. Leider nehmen sich viele Menschen nicht die Zeit, sich an diese neue Sprache zu gewöhnen. Sie brechen das Lernen an dieser Stelle ab. Wenn Sie aber an diesem Punkt nicht aufgeben, dann werden Sie die positiven Reaktionen Ihrer Kunden erleben. Sie werden merken, dass schon nach kurzer Zeit die neu gelernten Formulierungen genauso natürlich klingen, wie die vormals verwendeten. Die Wirkung wird aber um ein Vielfaches besser sein. Haben Sie also etwas Geduld und lassen Sie sich vom Erfolg überzeugen.

Beispiel für ein typisches schlechtes Reklamationsgespräch

Kundin: »Ich möchte diese Tasche umtauschen.«
Servicekraft: »Da weiß ich jetzt nicht Bescheid. Moment mal.«

Die Servicekraft fragt bei einer Kollegin nach und wendet sich dann an die Kundin.

Servicekraft: »Da müssen Sie in die Abteilung, wo Sie die Tasche gekauft haben.«
Kundin: »Kann ich das denn nicht hier erledigen?«
Servicekraft: »Dafür bin ich nicht zuständig. Das wird in der Abteilung geregelt.«
Kundin: »Wer ist denn dort dafür zuständig?«
Servicekraft: »Da fragen Sie einfach einen Kollegen aus der Abteilung.«

Kundin geht in die Abteilung.

Kundin: »Ich möchte diese Tasche umtauschen. Sind Sie zuständig?«
Servicekraft 2: »Nein, das muss der Abteilungsleiter machen. Ich rufe ihn. Moment … Wer war der Nächste?«

Kundin wartet. Abteilungsleiter kommt.

Kundin: »Ich möchte diese Tasche umtauschen. Sind Sie zuständig?«
Abteilungsleiter: »Ja, worum geht es denn?«
Kundin: »Hier die Innentasche ist beim ersten Gebrauch eingerissen.«
Abteilungsleiter: »Das kann nicht sein. Was haben Sie da reingetan?«
Kundin: »Den Schlüsselbund und mein Handy…wieso?«
Abteilungsleiter: »Ach so, na ja, das darf wirklich nichts ausmachen. Das habe ich jedenfalls noch nicht gesehen. Haben Sie den Kassenbeleg?«
Kundin: »Ja, hier ist der Beleg.«
Abteilungsleiter: »Tja, das müssen wir an den Hersteller schicken. Wir benachrichtigen Sie dann. Geben Sie mir Ihre Adresse und Telefonnummer.«
Kundin: »Und wie lange dauert das? Ich dachte, das geht jetzt gleich.«
Abteilungsleiter: »Nein, eigentlich nicht. Das muss erst an den Hersteller.«

Das Handy des Abteilungsleiters klingelt. Er unterbricht das Gespräch, dreht sich kurz weg, gibt eine knappe Antwort und wendet sich dann unvermittelt wieder der Kundin zu.

Kundin: »Hören Sie, ich benötige diese Tasche dringend. Dafür habe ich sie schließlich gekauft.«
Abteilungsleiter: »Nun regen Sie sich nicht auf. Vielleicht gibt es da ja eine Lösung …«

Übung: Reizformulierungen erkennen

Überprüfen Sie doch nun selber einmal, welche Reizformulierungen Sie erkannt haben. Notieren Sie diese. Sie können anschließend Ihr Ergebnis vergleichen.

....

....

....

....

....

....

Beispiele für negativ besetzte Formulierungen

Das Beispiel ist stellvertretend für viele vergleichbare Situationen. Sie haben vielleicht sogar selber schon einmal einen ähnlichen Fall erlebt? Ich greife einige typische Formulierungen auf, um zu verdeutlichen, warum das Gespräch wahrscheinlich eine weiterhin unzufriedene Kundin hinterlässt.

Formulierung im Beispiel	Wirkung der Formulierung
Da weiß ich jetzt nicht Bescheid. Dafür bin ich nicht zuständig. Das geht eigentlich nicht.	**Fehlende Kompetenz und Unsicherheit:** Durch diese Formulierungen teilen die Personen mit, dass sie weder informiert noch motiviert sind weiterzuhelfen. Das Wort »eigentlich« wirkt unsicher. Es weist auf die Möglichkeit der Ausnahme hin.
Da müssen Sie in die Abteilung … Tja, das müssen wir …	**Fehlende Motivation:** Die Formulierungen machen deutlich, dass sich die Personen des Problems nicht annehmen wollen, sondern müssen.
Das habe ich jedenfalls noch nicht gesehen.	**Glaubwürdigkeit anzweifeln**: Aus der Formulierung geht hervor, dass man den Äußerungen der Kundin keinen Glauben schenkt.
Nun regen Sie sich nicht auf.	**Überheblichkeit/mangelndes Einfühlungsvermögen:** Die Kundin soll sich gefälligst beruhigen. Dies spiegelt mangelnde Einfühlung und Überheblichkeit wider.

Falle 1: Formulierungen, die unsicher und inkompetent wirken

Die folgenden Formulierungen haben den – wahrscheinlich unerwünschten – Effekt, dass Sie inkompetent und unsicher erscheinen. Nun mag es in einigen Situationen so sein, dass Sie wirklich nicht die Lösung des Problems anbieten können. Für den Kunden kann es aber bereits eine Hilfe sein, wenn Sie den richtigen Ansprechpartner vermitteln. Machen Sie sich bewusst, dass das bereits eine entscheidende Hilfe ist. Wählen Sie Formulierungen, mit denen Sie kompetent und sicher erscheinen. Verdeutlichen Sie, dass der Kunde nach dem Kontakt mit Ihnen einen Schritt weiter ist. Hier einige Beispiele:

Reizformulierung	... der partnerschaftliche Stil
»Da kann ich nicht weiterhelfen.«	»Da sprechen Sie am besten mit XY.«
»Es tut mir Leid. Da weiß ich nicht Bescheid.«	»Herr XY ist da ein kompetenter Ansprechpartner.«
	»Da hilft Ihnen Herr XY sofort weiter.«
»Das ist leider nicht mein ...«	»Zuständig dafür ist ... Ich bringe Sie hin.«
»Dafür bin ich nicht zuständig.«	
»Da weiß ich jetzt nicht weiter.«	»Ich werde mich darum kümmern, wer Ihnen da weiterhelfen kann.«

Falle 2: Formulierungen, die unmotiviert klingen

Aus einigen Formulierungen kann man unmittelbar heraushören, dass die Person unmotiviert ist. Auch ohne gelangweilten Gesichtsausdruck oder genervte Stimme klingen diese Formulierungen bereits desinteressiert. In ihnen schwingt förmlich die Aufforderung mit, nicht gestört werden zu wollen – schon gar nicht durch eine Beschwerde. Entwaffnen Sie die Kunden, indem Sie bereits durch Ihre Wortwahl zeigen, dass Sie interessiert sind weiterzuhelfen und sich freuen, wenn Ihnen das gelingt.

Reizformulierung	...der partnerschaftliche Stil
»Da müssen Sie in die Abteilung ...«	»Ich begleite Sie in die Abteilung ...«
»Tja, da müssen Sie ...«	»Ich rufe sofort XY.«
»Da bin ich nicht zuständig.«	»Ich bringe Sie gerne zu ...«
	»Ich frage für Sie mal bei ...«
»Da fragen Sie mal hinten bei ...«	»Ob das geht, finde ich sofort heraus.«
»Ob das geht, weiß ich auch nicht.«	»Ich erlebe das zum ersten Mal, aber ich kümmere mich sofort darum.«
»So was hatten wir noch nicht.«	

Falle 3: Formulierungen, mit denen die Glaubwürdigkeit des anderen angezweifelt wird

Fatal ist es, wenn der verärgerte Kunde den Eindruck erhält, dass sein Anliegen nicht ernst genommen wird. Genau dieser Eindruck wird aber erzielt, wenn der Wahrheitsgehalt dessen angezweifelt wird, was der andere berichtet. Zeigen Sie daher in Ihren Formulierungen Vertrauen gegenüber den Aussagen des Kunden. Prüfen Sie die Sachlage durch geschicktes Fragen anstatt anzuklagen.

Reizformulierung	...der partnerschaftliche Stil
»Wenn Sie ehrlich sind …«	»Ich denke, ich verstehe.«
»Das kann nicht sein.«	»Ich kann Ihren Ärger verstehen, das klingt unglaublich.«
	Ersatzlos streichen!
»Das trifft auf keinen Fall zu.«	
»Das gibt es doch gar nicht.«	»Ich bin selber überrascht. Ich erlebe das jetzt zum ersten Mal.«
»Haben Sie wirklich die Bedienungsanleitung gelesen?«	»Schildern Sie mir doch bitte, wie Sie vorgegangen sind.«

Falle 4: Formulierungen, die überheblich und wenig einfühlsam erscheinen

Die unten folgenden Formulierungen wirken herablassend. Einerseits erwecken diese Reaktionen den Eindruck, dass der Kunde für dumm oder ungeschickt gehalten wird. Andererseits wird ihm vermittelt, dass es eigentlich Wichtigeres zu tun gäbe. Sie sollten immer daran denken: In dem Moment, in dem Sie eine Beschwerde bearbeiten, gibt es nichts Wichtigeres, als diesen Kunden zurückzugewinnen. Durch Überheblichkeit und mangelndes Einfühlungsvermögen kann man vielleicht Distanz halten und manche Leute einschüchtern. Bedenken Sie aber, dass der Kunde am Ende am längeren Hebel sitzt.

Reizformulierung	... der partnerschaftliche Stil
»Sagen Sie mir erst mal …«	»Dürfte ich zunächst erfahren …«
»Sie müssen doch zugeben …«	»Aber wenn ich Sie richtig verstanden habe, dann …«
»Da wartet noch ein Kunde auf mich.«	»Wenn ich das richtig sehe, dann sind wir uns soweit einig. Darf ich Sie meiner Kollegin anvertrauen. Wenn noch Fragen auftreten sollten, dann wird sie mich einfach rufen. Okay?«
»Wenn Sie die Gebrauchsanweisung gelesen hätten, …«	»Sagen Sie mir bitte, wie sind Sie vorgegangen?«
»Sie müssen schon entschuldigen, aber …«	»Vielleicht sollte dieser Punkt verständlicher dargestellt werden. «
»Hätten Sie das denn nicht schon merken können, als …«	»Wann ist Ihnen das denn aufgefallen?«
»Das kann wohl eine Weile dauern.«	»Wie lange können Sie das Gerät entbehren?«

Vorsicht mit den Reizwörtern »Nein« und »Aber«

Jedes Nein ist eine Verweigerung. Anstatt zu sagen, »Nein, das geht nicht!«, können Sie diplomatisch reagieren, und sagen: »Ich werde prüfen, welche Möglichkeiten bestehen.« So halten Sie den Kontakt aufrecht, und demonstrieren dem Gesprächspartner Offenheit und Zugänglichkeit. Auch wenn Sie abschließend eine enttäuschende Botschaft übermitteln müssen, haben Sie sie auf diese Weise bestmöglich vorbereitet.

> »Wer sich nicht bewegt, der spürt auch seine Fesseln nicht.«

Die negative Wirkung des »Ja, aber …« hat wohl jeder schon erlebt. Der Kunde, der sich beschwert, ist in der Regel sehr aufmerksam für jedes »Ja-aber«, denn es ist ebenfalls ein Hinweis für eine Verweigerung. Das, was nach dem »aber« kommt, wird besonders deutlich gehört und ist natürlich stets etwas Unangenehmes. Verkäufer wenden gerne den Trick mit dem »und« an. Sie sagen anstelle des »Aber« einfach ein »Und« und nehmen dem Einwand damit die Schärfe. Probieren Sie es aus und erleben Sie die Wirkung. Anstatt also zu sagen: »Ich werde alles unternehmen, aber es wird einige Tage dauern.«, formulieren Sie: »Ich werde alles unternehmen und es wird nur einige Tage dauern.«

Übung: Ein gutes Beispiel geben

Lesen Sie nun noch einmal das Beispiel auf Seite 111. Probieren Sie aus, wie Sie jetzt jeweils reagieren würden. Sie werden feststellen, dass das Gespräch einen völlig anderen Verlauf genommen hätte.

Übung: Den partnerschaftlichen Sprachstil üben

Sie erhalten nun einige Sätze, die ein Kunde Ihnen gegenüber äußert. Reagieren Sie jeweils darauf, indem Sie einen partnerschaftlichen Sprachstil wählen.

Kunde: »Ich will das Gerät umtauschen.«
Sie antworten (Sie sind nicht zuständig!):

. . . .

Kunde: »Ich hätte einen Vorschlag, wie Sie …«
Sie erwidern (Sie sind nicht zuständig):

. . . .

Kunde: »Bei meiner Anlage lässt sich diese Einstellung nicht vornehmen.«
Sie antworten (Sie müssen an den Techniker verweisen):

. . . .

Kunde: »Ihr Vorgesetzter sagte, das ist ein Kulanzfall.«
Sie sagen (Sie sind nicht informiert):

. . . .

Kunde: »Ich will den Geschäftsführer sprechen.«
Sie sagen (Der Geschäftsführer ist nicht im Haus):

. . . .

Kunde: »Ihr Kollege hat mir etwas völlig anderes erzählt.«
Sie reagieren mit:

. . . .

Kunde: »Als ich es ausprobieren wollte, ist mir hier dieses Teil abgefallen.«
Sie erwidern (Sie erleben das zum ersten Mal):

. . . .

Körpersprache: Den Kontakt zum Kunden verbessern

Im Gespräch mit einem verärgerten Kunden spielt die Art, wie Sie Ihre Körpersprache einsetzen, eine erhebliche Rolle. Die Körpersprache entscheidet, wie Sie vom Gesprächspartner verstanden werden – weit mehr, als die Wahl der Worte. Mit drohender Miene werden auch die geschicktesten Formulierungen kaum freundlich wirken. Einer lächelnden, zuvorkommenden Person dagegen verzeiht man einen Fehler leichter. Im Gespräch von Angesicht zu Angesicht scheint es ganz klar zu sein: Körperhaltung, Gesten und Mimik kann man bewusst für sich nutzen. Aber das gilt auch am Telefon. Durch Körperhaltung und Mimik kann man die Stimme hörbar verändern (Haeske 1999). Wie Sie Ihre Körpersprache im Gespräch mit dem Kunden einsetzen können, um freundlich und verständnisvoll zu wirken, das erfahren Sie nun.

Die Bedeutung der Körpersprache und nichtsprachlicher Signale

Es gibt eine Reihe von Untersuchungen, in denen der Frage nachgegangen wird, wie stark die Wirkung von Sprache, Stimme und Körpersprache im Vergleich zueinander ist. Stark vereinfacht könnte man sagen, es geht bei dieser Frage darum, welcher der drei Faktoren am stärksten in der Kommunikation wirkt. Mehrabian (1971) hat in einer viel zitierten und mittlerweile klassischen Studie eine Antwort gefunden, die viele sehr überraschte.

Die Wirkung unterschiedlicher Kommunikationskanäle

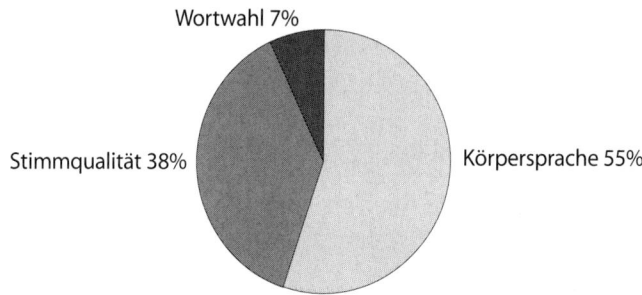

Wortwahl 7%

Stimmqualität 38%

Körpersprache 55%

Überraschend ist für die meisten Menschen, wie gering die Bedeutung der Wortwahl im Vergleich zu Stimmqualität und Körpersprache zu sein scheint. Andererseits wissen die meisten Menschen aus eigener Erfahrung: Der viel zitierte erste Eindruck ist bedeutsam, basiert aber eben nur auf Körperhaltung, Gestik, Mimik, Grad der Körperspannung, Kleidung. Das sind alles nichtsprachliche Signale.

Das Prinzip Ähnlichkeit spielt eine besondere Rolle: Begegnet ein Jogger einem anderen Jogger, winkt er ihm zu, Motorradfahrer oder Wohnmobilfahrer grüßen sich auf der Straße, Hundehalter kommen zwanglos ins Gespräch. Das Prinzip der wahrgenommenen Ähnlichkeit schafft einen direkten und harmonischen Kontakt oder *Rapport*, wie das Fachwort im Neurolinguistischen Programmieren lautet.

Im Umgang mit schwierigen Gesprächspartnern, wie es verärgerte Kunden sind, sollten Sie deshalb besonders sensibel dafür sein, welche nichtsprachlichen Signale Sie senden.

Kulturelle Unterschiede in der Kommunikation

Kommunikation ist kulturell geprägt. Meistens werden einem erst bei interkulturellen Begegnungen die Besonderheiten der eigenen Kommunikation bewusst. Asiaten zum Beispiel haben andere Normen als Europäer. Aber auch innerhalb Europas gibt es Unterschiede. In vielen europäischen Ländern ist beispielsweise die Umarmung zweier Männer zur Begrüßung üblich – in Deutschland nicht. Solche Differenzen sind jedoch nicht nur auf die Nationalitäten beschränkt: Sie werden sprachkulturelle Unterschiede ebenfalls bei den verschiedenen sozialen Schichten und Berufsgruppen und nicht zuletzt bei den Geschlechtern finden.

»Kulturelle Unterschiede« können also im weitesten Sinne verstanden werden. Es ist wichtig, sich dieser Unterschiede in der alltäglichen Kommunikation bewusst zu werden, um zu erkennen, dass Lösungen im Gespräch häufig nur möglich sind, wenn man sich auf die Kommunikationskultur – und das bedeutet auch die Körpersprache – des anderen einlässt.

Der Erfolg Ihrer Beschwerdebearbeitung gründet auf der Neugier für den anderen, einer offenen Wahrnehmung, und einem gewissen Maß an Flexibilität im eigenen Verhalten.

Körpersprache muss man im Zusammenhang verstehen

Vielleicht haben Sie auch Interesse, an der Körpersprache zu erkennen, was in Ihrem Gesprächspartner vorgeht, um noch vor der ersten Reaktion abschätzen zu können, wie Sie handeln müssen? Dazu müssen Sie natürlich wissen, wie man Körpersprache deuten kann. Probieren Sie es doch einmal aus.

In einigen Ratgebern erhalten Sie Hinweise, dass etwa verschränkte Arme Abwehr bedeuten, oder dass Sie an der Art der übereinander geschlagenen Beine erkennen, ob jemand Ihnen zugewandt ist. Ich habe viele Seminarteilnehmer erlebt, die durch solche Verallgemeinerungen eher verunsichert wurden. Man verschränkt nämlich auch die Arme, wenn einem kühl ist, oder man schlägt die Beine anders übereinander, wenn sie ermüden.

Zweckmäßiger ist es, die Körpersprache als Gesamtheit zu verstehen und den Kontext zu beachten. Bringen Kopfhaltung, Körperspannung, Arm- und Beinhaltung sowie Mimik Ähnliches zum Ausdruck? Stimmt das, was inhaltlich gesagt wird, mit dem überein, was die Körpersprache vermittelt? Oder gibt es Widersprüche? Dies sind Fragen, die dazu beitragen, das Zusammenspiel der einzelnen nonverbalen Botschaften zu verstehen.

Wenn Sie auf die Körpersprache in ihrer Gesamtheit achten, werden Sie Erfahrungen aufbauen, welche Verhaltensmuster typischerweise zusammen auftreten und wie Sie darauf reagieren können.

Vier Elemente der zwischenmenschlichen Kontaktaufnahme

Bei der Kontaktaufnahme zu einem Menschen beachten Sie bewusst oder unbewusst vier nonverbale Elemente. Lassen Sie eines dieser Elemente aus, dann ist die Kontaktaufnahme unvollständig.

❖ **Blickkontakt**
   Die Aufnahme des Blickkontaktes ist in unserem Kulturkreis das stärkste nonverbale Signal, um Verbindung zu einer Person aufzunehmen. Deshalb ist es besonders wichtig, den Kunden anzusehen, wenn er Ihnen seine Beschwerde oder Reklamation vorträgt.

❖ **Zuwenden**
   Durch körperliches Hinwenden zum Gesprächspartner signalisieren Sie ebenfalls die Bereitschaft zur Kontaktaufnahme. Deshalb ist es wichtig, nicht starr auf einem Platz zu verharren. Eine unveränderte Position bei der Kontaktaufnahme signalisiert körperlich, dass Sie ihm nicht zugewandt sind.

❖ **Hinbewegen**
   Wenn Sie einen guten Bekannten treffen, dann bewegen Sie sich auf ihn zu, umarmen ihn oder reichen ihm die Hand. In Ihrer Servicetätigkeit können Sie vielleicht nicht jeder Person die Hand geben. Ein angedeutetes Aufstehen, während Sie einen Platz anbieten oder die Verkürzung der körperlichen Distanz zum Gesprächspartner signalisiert bereits das Hinbewegen und damit die Bereitschaft zur Kontaktaufnahme.

❖ **Lächeln**
   Lächeln ist ein universales Signal für eine zuvorkommende und freundliche Kontaktaufnahme. Es ist ebenfalls ein sehr starkes Signal, zeigt Offenheit und damit die Bereitschaft, seine Aufmerksamkeit dem Kunden zuzuwenden.

Guten Gesprächskontakt kann man sehen

Wenn Sie Menschen bewusst beobachten, die ein Gespräch führen, brauchen Sie kaum ein Wort zu hören, und können dennoch mit großer Sicherheit sagen, ob diese Personen in einem harmonischen Kontakt zueinander stehen oder ob dieser gestört ist. Können Sie es wirklich? Hier sind zwei Beispiele:

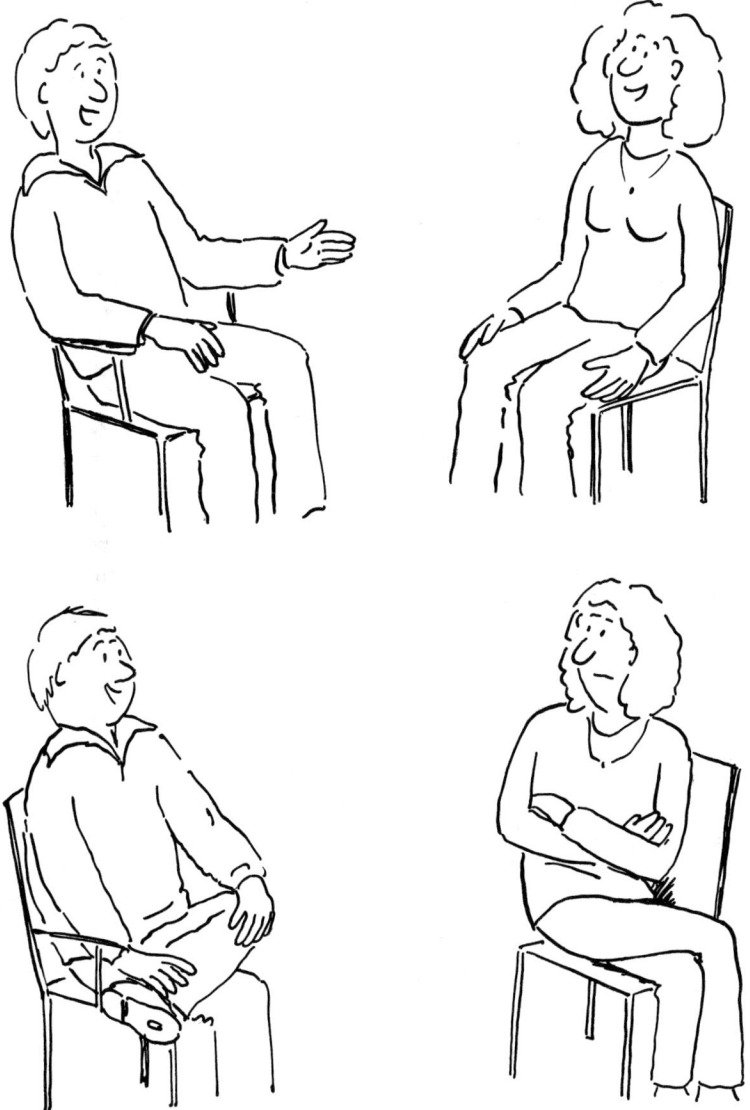

Die Personen im oberen Beispiel haben einen guten *Rapport*, die Personen im unteren Bild dagegen nicht. Sie erkennen es daran, dass die Personen im linken Bild ähnliche, symmetrische Körperhaltungen einnehmen und eine vergleichbare Körperspannung haben. Bei den Personen im unteren Bild unterscheiden sich Körperhaltung und Körperspannung sichtbar.

Spiegeln – Eine Technik, um Kontakt zu halten

Sie werden immer wieder beobachten, dass Personen im Rapport vergleichbare Körperhaltung und Körperspannung einnehmen. Man nennt dieses Angleichen »die Körperhaltung spiegeln«. Sind beide Gesprächspartner in einem harmonischen Kontakt zueinander, und eine von beiden Personen verändert die Haltung oder Körperspannung, dann werden Sie eine weitere Beobachtung machen: Eine Person folgt der anderen und führt eine vergleichbare Geste – meist beinahe zeitgleich – aus, oder verändert die Körperhaltung ebenfalls. Wie beim Tanz passen sie sich so einander an, und sorgen unbewusst dafür, dass der Kontakt aufrecht erhalten bleibt.

Nonverbale Signale, an denen man einen guten Gesprächskontakt erkennen kann

Rapport auf der nonverbalen Ebene der Kommunikation kann man im Gespräch an unterschiedlichen Aspekten beobachten:

- ❖ Symmetrische Korperhaltung.
- ❖ Vergleichbare Körperspannung.
- ❖ Ähnlicher Rhythmus der Gesten.
- ❖ Übereinstimmende Sprechgeschwindigkeit.
- ❖ Gleichzeitige Bewegungsreaktionen.

Wenn Sie darauf achten, werden Sie leicht erkennen, ob zwei Personen Rapport haben oder nicht. Aber nicht nur das: Sie können dieses Wissen nutzen. Wenn man nämlich guten Gesprächskontakt an der Körpersprache oder an der Sprechgeschwindigkeit erkennt, dann kann man sein Verhalten auch bewusst anpassen, also Ähnlichkeit herstellen, um auf der nonverbalen Ebene Kontakt aufzubauen. Sie haben bereits erfahren, dass man das »Spiegeln« nennt. Ob Sie es glauben oder nicht, das, was hier als Technik beschrieben wird, machen Sie tagtäglich, wenn Sie guten Kontakt zu einer Person halten. Es als bewusste Technik einzusetzen, ermöglicht Ihnen aber zusätzlich, auch zu solchen Kunden einen Kontakt aufzubauen, die mit einer Beschwerde oder Reklamation zu Ihnen kommen und deren Bereitschaft zum harmonischen Gespräch zunächst gering ist. Sie schaffen durch diese Technik auf der nonverbalen Ebene die Basis für Ihren Gesprächserfolg bei der Beschwerdebearbeitung.

Übung zum Spiegeln

Beobachten Sie einmal bei der Arbeit oder im privaten Bereich, wie Sie und andere Menschen spiegeln. Probieren Sie diese Technik des Spiegelns einfach selber bewusst aus, um ein Gefühl dafür zu bekommen, wie sie wirkt und was möglich ist. Sie werden feststellen, dass Sie nicht jede Haltung und jede Geste spiegeln müssen, um einen guten Rapport aufzubauen. Üben Sie erst eine Weile, um Sicherheit und Natürlichkeit dabei zu trainieren, bevor Sie sie beim nächsten schwierigen Gespräch einsetzen.

Legen Sie sich jetzt fest, wo Sie die Übung anwenden werden, damit Sie Erfahrungen in der Praxis sammeln:

. . . .

. . . .

. . . .

. . . .

. . . .

. . . .

Spiegeln bei verärgerten Kunden

In der Regel werden Sie bei Beschwerden und Reklamationen mit verärgerten Kunden zu tun haben. Auf der nonverbalen Ebene können Sie dann wahrscheinlich Reaktionen wie die folgenden beobachten:

❖ Bedrohliche Körperhaltung.
❖ Starke Körperspannung.
❖ Heftiger Rhythmus der Gesten.
❖ Rasche Sprechgeschwindigkeit.
❖ Schnelle Bewegungsreaktionen.

Zurecht werden Sie bezweifeln, dass es sinnvoll sein könnte, dieses Verhalten zu spiegeln. Sie vermuten ganz richtig, dass Sie dann den Gesprächskontakt eher verschlechtern. Um dem Gesprächspartner guten Kontakt zu signalisieren und ihn zu beruhigen, wenden Sie folgenden Trick an. Sie spiegeln nicht eins zu eins das beobachtete Verhalten, sondern übernehmen Körperspannung und Tempo und übertragen sie in andere Verhaltensbereiche. Konkret heißt das: Sie bleiben nicht bewusst ruhig sitzen, wenn der Beschwerdeführer aufgebracht ist, sondern Sie stehen ebenfalls auf. Sie gleichen Ihre Körperspannung der Spannung an, die Sie beim Gegenüber spüren und sehen. Sie passen Ihr zustimmendes Nicken dem Tempo der Gesten und der Sprechgeschwindigkeit an. Sie beschleunigen Ihr eigenes Sprechtempo, reden dabei aber ruhig und lösungsorientiert (siehe Argumentationstipps).

Erst, wenn Sie auf diese Weise Kontakt aufgebaut haben, verringern Sie langsam Ihr Tempo und Ihre Körperspannung, um den Gesprächspartner in ein entspannteres Verhalten zu führen. Erst jetzt ist auch der Zeitpunkt gekommen, zu dem Sie ihm höflich einen Platz anbieten sollten.

Kapitel 6
Telefonische und schriftliche Beschwerden

Dieses Kapitel stellt Ihnen Anregungen und Checklisten zur telefonischen Beschwerdebearbeitung vor. Der Schwerpunkt liegt dabei darauf, durch eine geschickte Organisation Ihrer Telefonate und Verhaltenstipps am Telefon vermeidbare Folgebeschwerden zu verhindern. Im zweiten Teil des Kapitels erhalten Sie Tipps zum Aufbau einer kundenorientierten Beschwerdekorrespondenz.

Das Kapitel im Überblick

❖ Durch professionelle Telefonkommunikation weitere Beschwerden vermeiden

❖ Tipps für die Bearbeitung schriftlicher Beschwerden

Durch professionelle Telefonkommunikation weitere Beschwerden vermeiden

Bei der Beschwerdebearbeitung spielt das Telefon meist eine sehr wichtige Rolle. Schon allein deshalb lohnt es sich, genauer zu betrachten, wie man hier mit Beschwerden und Reklamationen verfahren und sie vermeiden kann. Sie werden wahrscheinlich zahlreiche, wenn nicht sogar die meisten Beanstandungen über das Telefon abwickeln. Insofern sollten Sie die Tipps beachten, die generell für das Telefonieren gelten, sich aber beim Beschwerdemanagement besonders auswirken.

Professionell telefonieren

Die vielen Möglichkeiten, die der professionelle Einsatz des Telefons bietet, sind zu umfangreich, um sie hier alle darzustellen (vgl. Haeske 1999). Dieses Kapitel soll Ihnen einen Überblick verschaffen, wie Sie Probleme am Telefon am besten vermeiden können. Das Ziel lautet: Den verärgerten Kunden besänftigen und für das Unternehmen zurückgewinnen. Keinesfalls sollte der Ärger verstärkt werden. Auch sollen Folgeprobleme vermieden werden (s. S. 44). Zudem erhalten Sie Tipps, wie Sie Ihre Ausgangslage bei der Beschwerde- oder Reklamationsbeseitigung am Telefon verbessern.

Die EVA3-Methode bei der telefonischen Beschwerdebearbeitung

Das Vorgehen nach der EVA3-Methode eignet sich hervorragend zur Beschwerdebearbeitung am Telefon. Sie sollten dabei besonders auf Stimme und Wortwahl achten, da die Aufmerksamkeit eines verärgerten Kunden sehr stark auf diese beiden Aspekte fokussiert ist. Er reagiert in der Regel sensibel auf Desinteresse, mangelnde Hilfsbereitschaft oder blasiertes Auftreten. Sie sollten bedenken, dass Sie Ihre sympathische äußere Erscheinung, freundliche Gesten, Ihre Fähigkeit zu sehen(!), wie der Kunde sich gerade fühlt, nicht nutzen können. Achten Sie daher besonders auf die Wirkung Ihrer Stimme.

Fünf Bereiche, in denen typischerweise Probleme auftreten

In jedem Fall können Sie die Wahrscheinlichkeit einiger Probleme stark verringern, wenn Sie Rahmenbedingungen schaffen, die sie kompetent, selbstsicher und engagiert klingen lassen. Kunden, die sich beschweren, reagieren – wie gesagt – sehr sensibel. Ihre Verärgerung steigert sich in der Regel, wenn sie in den folgenden fünf Bereichen Mängel bei sich entdecken.

> »Wer viel arbeitet, macht viele Fehler. Wer wenig arbeitet, macht wenig Fehler. Wer wenig Fehler macht, wird befördert.«

❖ **Problembereich 1: Unorganisiert wirken**
Es entsteht der Eindruck, die Person und/oder das Unternehmen ist überfordert, die erforderlichen Daten, Materialien, Prozesse, Ansprechpartner, etc. zu finden, um die Beschwerde oder Reklamation korrekt und rasch zu bearbeiten. Das verstärkt Ärgergefühle. Eine gute Organisation dagegen wirkt kompetent und weckt Vertrauen.

❖ **Problembereich 2: Vorschnelle Reaktionen**
Der Beschwerdebearbeiter reagiert zu rasch, sei es, indem er den Kunden unterbricht, ihn zu schnell weiterleitet, mit Lösungsvorschlägen bombadiert, die das Problem nicht genau treffen, mit Versprechungen oder einem vorschnellen »Nein« antwortet. Aus der Perspektive des Bearbeiters mag es nachvollziehbar sein, warum er zügig agiert. Aus Kundensicht hingegen wirkt Besonnenheit professionell.

❖ **Problembereich 3: Ungeeignete Rhetorik**
Formulierungen und Floskeln werden häufig in ihrer weit reichenden Wirkung nicht bedacht. Eine Reaktion wie »Ich bin nicht zuständig« ist vielleicht sachlich richtig, löst aber bei den meisten Kunden Verärgerung aus, weil sie diese Formulierung bereits zu oft gehört haben. Der Kunde denkt: »Ich habe es geahnt.« Einen geeigneten Wortschatz können Sie trainieren.

❖ **Problembereich 4: Stimme nicht beachten**
Die Wirkung der Stimme wird zu wenig bedacht. Die Sensibilität dafür, wie sehr in der eigenen Stimme die innere Haltung durchklingt, ist bei vielen Menschen kaum ausgeprägt. Im Gegensatz dazu nehmen sie aber sehr genau wahr, wie eine fremde Stimme wirkt. Vielleicht ist Ihre Stimme Ihr Kapital, ohne dass Sie es bisher wussten.

❖ **Problembereich 5: Die falsche Einstellung**
Die richtige Einstellung kann man daran messen, dass die Mehrzahl Ihrer Telefongespräche zum Erfolg führt. Auf Seite 132 erfahren Sie mehr dazu. Arbeiten Sie an Ihrer Einstellung, bis Ihre Gewohnheiten zu erfolgreichem und zufrieden stellendem Verhalten führen.

Checkliste 1: Eine gute Organisation wirkt immer kompetent

Damit Sie gut organisiert wirken, beachten Sie die Tipps dieser Checkliste.

Schreibmaterial
Machen Sie sich zur Angewohnheit, dass zum Telefonieren ☐
immer ein Stift und ein Block gehören, damit Sie nicht erst
umständlich suchen müssen oder wichtige Daten nicht
aufnehmen können.

Kalender
Zum Telefonieren gehört auch immer ein Kalender, um ☐
rasch und verbindlich Absprachen treffen zu können.

Anrufbeantworter
Sie haben versprochen, dass Sie den Kunden zurückrufen. ☐
Bevor Sie die Nummer Ihres Gesprächspartners wählen,
sollten Sie sich fünf Sekunden lang Gedanken machen, was
Sie sagen, falls Sie nur den Anrufbeantworter erreichen.
Sie werden diese neue Angewohnheit schnell schätzen lernen!

Gesprächsunterlagen
Sie machen es sich selbst einfach und wirken auf den ☐
Gesprächspartner kompetent und gut vorbereitet, wenn
Sie auf erforderliche Unterlagen während des Telefonats
unmittelbar zugreifen können.

Abwesenheiten
Wenn Sie vorübergehend telefonisch nicht erreichbar sind, ☐
dann sollten Sie sicherstellen, dass Ihr Kollege weiß, wann Sie
wieder erreichbar sind, dass er einen Anruf, den Sie erwarten,
entsprechend entgegennimmt, dass er weiß, wann er Sie aus
einer Besprechung herausrufen kann und wann nicht.

Gesprächsvorbereitung
Legen Sie sich die erforderlichen Unterlagen bereit, bevor ☐
Sie den Hörer abnehmen und wählen. Wenn Sie vor dem
Telefonat die Unterlagen kurz überfliegen, dann können Sie
sich überlegen, was und wann Sie es sagen werden. Strukturieren
Sie Ihr Denken vor dem Telefonat, dann verläuft es auch strukturiert
und zeitsparend.

Checkliste 2: Vorschnelle Reaktionen reduzieren

Mit den Tipps in dieser Checkliste werden Sie in Zukunft Ihre Arbeit gelassener erledigen und gleichzeitig zufriedenere Kunden haben.

Versprechungen prüfen
Versprechen Sie nicht voreilig etwas, was anschließend nicht
zu halten ist, nur damit der Gesprächspartner aus der Leitung
ist. Erfahrungsgemäß sind die Folgeprobleme viel größer als
die direkte und ehrliche Lösung des Problems, auch wenn
der Kunde Abstriche machen muss. ☐

»Nein« vermeiden
Wenn Sie dem Anliegen des Gesprächspartners nicht entsprechen
können, dann sollten Sie nicht sofort das Gespräch zum Ende bringen,
sondern überlegen, wie Sie dem Gesprächspartner dennoch helfen
können. So hinterlassen Sie einen engagierten Eindruck. ☐

Widerspruch reduzieren
Unmittelbarer Widerspruch auf Kritik oder sofortige
Gegenbehauptungen führen zu Blockadereaktionen
beim Gesprächspartner. Üben Sie sich in Geduld beim Zuhören,
signalisieren Sie Bereitschaft zur Lösungssuche vor dem »Nein«. ☐

Sturheit und Pedanterie vermeiden
Das Beharren auf einem Standpunkt oder einer einmal
getroffenen Aussage ist der gegenseitigen Annäherung
in den seltensten Fällen förderlich. Die Bereitschaft,
seinen Standpunkt zu überdenken und nicht zu kleinlich
zu sein, bewährt sich meist. ☐

Checkliste 3: Rhetorische Kompetenz gezielt trainieren

Die Tipps dieser Checkliste zeigen, auf welche Formulierungen Sie achten sollten, um freundlich zu wirken.

Höflichkeit zeigen
Höflichkeit drückt sich in Worten wie »danke« und »bitte« aus sowie darin, dass man interessiert nachfragt und motiviert ist, dem Gesprächspartner wirklich weiterhelfen zu wollen. ☐

Übertreibungen und Bagatellisierung vermeiden
Sachverhalte oder Aussagen des Gesprächspartners zu übertreiben oder zu untertreiben ist gleichbedeutend mit: sie nicht ernst zu nehmen. Verzichten Sie darauf! Achten Sie besonders darauf, wenn Sie gereizt und geneigt sind, dies als rhetorische Waffe einzusetzen. ☐

Entschuldigungen vorbringen
Fehler können passieren, eigene und die von Kollegen. Sich dafür zu entschuldigen, selbst, wenn man es für einen Kollegen tut, ist in den meisten Fällen eine wichtige Voraussetzung, um die weitere Verständigung zu erleichtern. ☐

Personen mit Namen ansprechen
Sprechen Sie Ihre Gesprächspartner hin und wieder mit Namen an. Da die meisten Menschen es mögen, mit eigenem Namen angesprochen zu werden, tragen Sie so zu einem besseren Gesprächsklima bei. ☐

Fachvokabular und Fremdwörter vermeiden
Die unbedachte Verwendung von Fachvokabular, Abkürzungen und Fremdwörtern erschwert Ihrem Gesprächspartner unnötig das Verständnis, wenn er nicht »vom Fach« oder aus Ihrem Unternehmen ist. Wirken Sie zugänglich, indem Sie Ihre Sprache bewusst einsetzen. ☐

Aussagen und Fragen gezielt einsetzen
Fragetechniken ermöglichen es Ihnen, Informationen von Ihrem Gesprächspartner zu erhalten. Sie bekunden gleichzeitig Interesse am Gesprächspartner. Verwenden Sie daher gezielt Fragen und überfrachten Sie den Kunden nicht mit zu vielen Aussagen. ☐

Checkliste 4: Beachten Sie unbedingt die Wirkung Ihrer Stimme

Die Stimme ist Ihr größtes Kapital am Telefon. Sorgen Sie für maximale Wirkung. Schöpfen Sie Ihr Potenzial aus.

Aussprache beachten
Sprechen Sie den eigenen Namen und den Firmennamen
in angemessenem Tempo und bewusst deutlich aus. Bemühen
Sie sich besonders am Telefon um eine deutliche und artikulierte
Aussprache. Die Erfahrung zeigt, dass insbesondere das häufige
Wiederholen von Namen bei vielen Menschen zu Nachlässigkeiten
in der Aussprache führt.

☐

Haltung
Der Klang der Sprache hängt von der Körperhaltung ab.
Eine zusammengesunkene Haltung macht die Stimme schwach.
Eine offene, gerade und leicht gespannte Haltung gibt der Stimme
Dynamik und macht den Klang überzeugend.

☐

Mimik
Das Lächeln in der Stimme kann man hören. Probieren Sie es
aus, und lassen Sie sich von der positiven Wirkung überzeugen.

☐

Engagement und Interesse bekunden
Engagement und Einsatz erkennt man am lebendigen Tonfall
und an einer abwechslungsreichen Modulation der Stimme.
Eine monotone Stimme wirkt dagegen schnell gleichgültig, unmotiviert
oder wenig kompetent. Vermeiden Sie es daher, monoton zu sprechen.

☐

Belehrung und Überheblichkeit vermeiden
Wenn man eine Frage zum hundertsten Mal beantwortet hat,
dann ist die Antwort irgendwann so trivial, dass man sich nicht
mehr vorstellen kann, dass jemand sie nicht kennt. Dann passiert
es rasch, dass man belehrend oder überheblich wirkt. Bleiben Sie
insbesondere bei Nachfragen gelassen und bemühen Sie sich,
die Antwort beim zweiten Mal anders zu formulieren.

☐

Ausdruck
Bei gleichförmigem Ausdruck geht man nicht mit der
emotionalen Befindlichkeit des Gesprächspartners mit.
Die Folge ist, dass sich der Gesprächspartner nicht
verstanden fühlt. Zeigen Sie Anteilnahme und Verständnis
in Ihrer Stimme und schwingen Sie mit der Hilflosigkeit oder
mit der Empörung des Gesprächspartners.

☐

Checkliste 5: Die richtige Einstellung macht den Unterschied

In dieser Checkliste sind Tipps gesammelt, die Ihre innere Einstellung beim Telefonieren betreffen. Einstellungen sind nicht richtig oder falsch. Entscheidend ist, ob sie zum Erfolg führen. Diese Tipps sorgen für eine positive Wirkung.

Begrüßung
Bedenken Sie, dass Sie mit der Begrüßung den ersten Eindruck
bei Ihrem Gesprächspartner hinterlassen. ☐

Freundlichkeit ist eine Frage von Formulierungen?
Freundlichkeit muss ernst gemeint sein, sonst klingt sie floskelhaft.
Man kann einige Formulierungen beachten, um freundlicher zu
wirken. Der Wille, dem Kunden freundlich gegenüber zu sein, macht
aber den entscheidenden, hörbaren Unterschied. ☐

Geduld
Den Gesprächspartner hetzen zu wollen, ihn zu unterbrechen,
damit er endlich auf den Punkt kommt, das sind unhöfliche Gesten,
mit denen Sie den Gesprächspartner verärgern. Bedenken Sie, dass
Ungeduld häufig die Ursache vieler Missverständnisse ist. ☐

Sachlich und doch herzlich bleiben
Übertriebene Sachlichkeit und Genauigkeit führen nur dazu, dass
Sie sich von Ihrem Gesprächspartner distanzieren, selber trocken
wirken und er sich als Mensch nicht mehr wahrgenommen fühlt. ☐

Kritik
Die Kritik, die der Gesprächspartner äußert, ist aus seiner Sicht
berechtigt, sonst würde er sie nicht vorbringen. Am besten werden
Sie damit umgehen können, wenn Sie sie als Kritik an der Sache
verstehen und nicht auf Ihre eigene Person beziehen. ☐

Fehler
Auch wenn Sie den Fehler, den der Gesprächspartner gerade
anspricht, nicht selbst verursacht haben, sollten Sie sich um
Lösung bemühen. Letztlich wird es Ihnen nur Nachteile bringen,
selbst Schuldzuweisungen vorzunehmen und zu hoffen, Ihr
Gesprächspartner habe dafür Verständnis. ☐

Diffamierungen vermeiden
Andere zu beschuldigen, die eigene Firma oder die
Wettbewerber schlecht zu machen, wird von den wenigsten
Gesprächspartnern als akzeptables Verhalten bewertet. ☐

Tipps zur Bearbeitung schriftlicher Beschwerden

Schriftliche Beschwerden in Form eines Briefes werden heute selten verschickt, da der Zeitaufwand viele schreckt. Mögliche Alternativen, wie persönliche Beschwerde, Telefonat oder E-Mail sind da viel attraktiver. Meist handelt es sich bei schriftlichen Beanstandungen um Reklamationen, da der Kunde dann im Falle eines Rechtsstreits nachweisbare Vorgänge besitzen möchte. Dennoch ist es wichtig, das Thema zu vertiefen und Ihnen sprachliche Anregungen zu geben, wie Sie Ihre Korrespondenz gestalten können.

Schriftliche Reklamationen oder Beschwerden?

Schriftliche Reklamationen muss man von schriftlichen Beschwerden unterscheiden. Bei einer schriftlichen Reklamation kann der Kunde berechtigterweise einen Rechtsanspruch geltend machen oder sich zumindest auf einen solchen beziehen, selbst wenn dies etwa aufgrund einer Fristüberschreitung abschlägig behandelt werden kann. Bei einer Beschwerde hingegen kann der Kunde allenfalls Hoffnungen hegen, dass das Unternehmen positiv reagiert. Er weiß aber nicht, ob sich diese Hoffnungen erfüllen werden. Auf Reklamationen und Beschwerden sollte ein Unternehmen gleichermaßen kompetent reagieren, denn die Bearbeitung schriftlicher Beanstandungen bietet besondere Möglichkeiten, Marketing in eigener Sache zu betreiben.

Psychologische Aspekte bei schriftlichen Beschwerden

Versuchen Sie sich in den Kunden zu versetzen, um zu verstehen, was ihn dazu veranlasst, einen Beschwerdebrief zu verfassen. Im Gegensatz zu einem Reklamationsschreiben kann er bei der schriftlichen Beschwerde nicht sicher davon ausgehen, dass seinem Aufwand ein entsprechender Nutzen gegenübersteht. Die Zeit, die er aufwendet, die Unkosten die er hat, sind erheblich.

Bevor ein Kunde sich so viel Mühe macht, muss er enttäuscht sein. Und er muss wirklich Interesse haben, seine Erlebnisse mitzuteilen. Die psychologische Situation ist widersprüchlich: Einerseits kann er nicht erwarten, dass seine Reaktion etwas bewirkt. Andererseits wird er kaum all die Mühen auf sich nehmen, wenn nicht doch die Hoffnung besteht, dass sein Schreiben etwas in Gang bringt. Ein Kunde, der den Aufwand eines Beschwerdebriefes nicht scheut, wird auch seine Geschichte bei jeder Gelegenheit verbreiten. Ihn zufrieden zu stellen ist von großer Bedeutung. Denn Ihre Reaktion wird Teil seiner Geschichte sein. Machen Sie ihn und seine Geschichte zum werbenden Zeugen Ihrer vorbildlichen Beschwerdekultur.

Die Reaktion des Unternehmens: schriftlich oder persönlich?

Schriftliche Beanstandungen müssen nicht unbedingt schriftlich beantwortet werden. Grundsätzlich bieten sich zwei Reaktionsformen an: schriftlich und/ oder direkter persönlicher Kontakt per Telefon oder durch einen Kundenbesuch. Bedenken Sie die Vor- und Nachteile:

Schriftliche Reaktion	**Direkte persönliche Kontaktaufnahme**
Vorteile: ❖ Reaktionszeit ist schnell, wenn Beschwerden Priorität haben. ❖ Erstreaktion kann auch von vielen Mitarbeitern erfolgen, wenn gute Standardschreiben existieren. ❖ Gute Standardschreiben lassen sich vorbereiten. ❖ Der Kunde hat etwas Schriftliches, Vorzeigbares »in der Hand«. ❖ Viele Kunden wollen keinen Besuch. ❖ Ein gut formulierter Brief zeigt Engagement und Interesse. *Nachteile:* ❖ Schlechte Standardbriefe verschlimmern die Situation. ❖ Erklärungen und individuelles Eingehen sind nicht immer möglich.	*Vorteile:* ❖ Kurzfristige und schnelle Reaktion über Telefon möglich. ❖ Schafft den direktesten Kontakt zu Kunden. ❖ Erlaubt ganz abgestimmte Argumentationsmöglichkeiten. ❖ Zeigt dem Kunden, wie wichtig er ist. ❖ Bei positiven Reaktionen für den Kunden (beispielsweise Präsent) schafft man eine starke Bindung. ❖ Bietet die Möglichkeit, genauer nachzufragen und dazuzulernen. *Nachteile:* ❖ Setzt hohe soziale Kompetenz voraus. ❖ Persönlicher Besuch nie ohne Vorabsprache. ❖ Der Zeitaufwand ist beträchtlich. ❖ Gemeinsame Terminsuche macht Reaktionszeit vielleicht zu lang.

Berechtigte oder unberechtigte Reklamation?

Bei Beschwerden stellt sich nicht die Frage, ob sie berechtigt sind, denn sie drücken aus, wie der Kunde die Leistung des Unternehmens persönlich erlebt. Bei Reklamationen stellt sich die Frage der Berechtigung aus rechtlichen Gründen. Sind Fristen überschritten oder Vereinbarungen missachtet worden, verfallen diese Ansprüche. Es liegt an der Kulanz des Unternehmens, wie dann verfahren wird. Allgemein verbindliche Tipps gibt es hier nicht. Beachten Sie dennoch Folgendes. Erstens: Legen Sie intern fest, wie verfahren werden soll, wenn der Rechtsanspruch nicht mehr besteht. Das gibt den Kundenbetreuern einen klaren Handlungsrahmen vor. Zweitens: Räumen Sie Ihren Mitarbeitern Freiheiten zur unkomplizierten Kundenbetreuung ein.

Eine gute schriftliche Reaktion

Die schriftliche Reaktion auf Beanstandungen muss einige Ansprüche erfüllen, um eine optimale Kundenansprache zu gewährleisten:

Formale Aspekte	Emotionale Aspekte
Abkürzungen vermeiden: Verwenden Sie nur Abkürzungen, die der Kunde mit absoluter Sicherheit kennt.	*Verständnis zum Ausdruck bringen:* Schreiben Sie, wofür genau Sie Verständnis haben.
Einfache Formulierungen und Sätze: Beeindrucken Sie durch leichte Verständlichkeit und Freundlichkeit.	*Bedauern äußern:* Äußern Sie Ihr Bedauern über den entstandenen Ärger.
Floskeln und Fachtermini vermeiden: Fachwörter verringern die Verständlichkeit und Floskeln wirken unpersönlich.	*Bieten Sie eine Lösung an:* Flüchten Sie sich nicht in Vertröstungen und Versprechen, sondern werden Sie konkret.
Stellen Sie korrekte Bezüge her: Standardbriefe sollten so flexibel aufgebaut sein, dass direkte Bezüge zum Kunden und zu den Sachverhalten hergestellt werden können.	*Erklären Sie Ihre Reaktion:* Sagen Sie nicht nur, was Sie tun, sondern warum Sie es tun, und warum es keine Alternative gibt.
Bauen Sie Ihre Korrespondenz klar strukturiert auf: Dies erhöht die Lesbarkeit und das Verständnis.	*Zeigen Sie Gleichberechtigung:* Ein herablassender oder jovialer Ton macht sogar eine gute Nachricht schlecht.
Betonen Sie die Ausnahme: Bringen Sie zum Ausdruck, dass die Regel in Ihrem Unternehmen anders ist und sein sollte.	*Zeigen Sie Interesse:* Formulieren Sie Aussagen und rhetorische Fragen, in denen Ihr Interesse am Kunden erkennbar wird.
	Auf die Individualität des Kunden eingehen: Der Beschwerdebrief ist ein individueller Brief an Ihr Unternehmen. Passen Sie Ihre Standardbriefe immer an den Kunden an.

Die Grundregeln des Beschwerdemanagements für Ihre Korrespondenz

Auf Seite 48 haben Sie die Grundregeln zur Bearbeitung von Beschwerden kennen gelernt. Diese Grundregeln beziehen sich nicht nur auf die direkte Beschwerdebearbeitung im Gespräch. Sie sollten Sie auch im Schriftverkehr nutzen. Dass Sie jede Beschwerde ernst nehmen und interne verbindliche Regeln festlegen sollten, ist sicher bisher deutlich geworden. Zwei wichtige Aspekte sollten Sie dabei unbedingt beachten:

❖ **Werden Sie persönlich**
Geben Sie Namen und Telefonnummer, gegebenenfalls Zeiten an, zu denen Sie erreichbar sind. Lassen Sie als Verantwortlicher nicht Vertreter oder Mitarbeiter unterschreiben, sondern bekunden Sie durch Ihre persönliche Unterschrift Interesse an der weiteren Entwicklung des Beschwerdevorgangs. Persönlich zu werden bedeutet auch, dass die Ich-Form im Schreiben verwendet wird.

❖ **Reagieren Sie schnell**
Vermeiden Sie Folgeprobleme. Diese können entstehen, wenn der Kunde sich neben dem ursprünglichen Problem irgendwann ärgert, dass er keine Reaktion bekommt. Machen Sie die zeitnahe schriftliche Reaktion zum obersten Grundsatz. Wenn Sie keine sofortige Lösung anbieten können, dann versenden Sie Zwischenbescheide (s. unten Makrostruktur). Überraschen Sie den Kunden durch Ihre Reaktionskürze. Zeigen Sie, wie Ernst Sie Beschwerden nehmen.

Makrostruktur: Die planvolle schriftliche Beschwerdebearbeitung

Die Makrostruktur, nach der Sie schriftlich auf eine Reklamation oder Beschwerde reagieren sollten, erfolgt in drei Stufen. Gehen wir davon aus, dass Sie der Brief des Kunden heute erreicht.

Eingangsbestätigung
Die Eingangsbestätigung ist dann sinnvoll, wenn absehbar ist, dass die endgültige Prüfung und Lösung des Sachverhaltes noch einige Zeit (mehr als eine Woche) in Anspruch nehmen wird. Kündigen Sie an, bis wann mit dem Bescheid (wir nennen es im Folgenden *Verständnisschreiben*) zu rechnen ist. Empfehlung: Versenden Sie die Eingangsbestätigung innerhalb von zwei bis drei Tagen.

Die nächste Reaktion nach der Eingangsbestätigung ist das Verständnisschreiben. Dieses Wort ist bewusst gewählt, denn es geht in jedem Fall darum, Verständnis zu zeigen. Unabhängig von der letztendlichen Entscheidung.

Verständnisschreiben
Das Verständnisschreiben schlägt eine Lösung für das in der Beschwerde oder der Reklamation umschriebene Problem vor.
Versenden Sie das Schreiben innerhalb der nächsten zwei Wochen. Andernfalls versenden Sie ein Kontaktschreiben, in dem Sie die Verzögerung erklären.

Nach dem Verständnisschreiben ist der Zyklus üblicherweise beendet. Das Problem wurde auf die eine oder andere Art gelöst und der Kunde ist – hoffentlich – zufrieden. In vielen Fällen empfiehlt sich ein weiterer Schritt (Brückner 1997):

Beziehungsschreiben
Festigen Sie die Beziehung zum Kunden, indem Sie sich einige Wochen nach der Lösung des Problems erkundigen, ob er zufrieden ist. Bieten Sie dem Kunden Information oder Unterstützung für den Fall an, dass er noch Hilfe benötigt.
Geben Sie Namen und Telefonnummern an, an die der Kunde sich gegebenenfalls wenden kann.

Mikrostruktur: Aufbau der Beschwerdekorrespondenz

Beim Aufbau Ihrer Korrespondenz können Sie sich an einem strukturellen Grundschema orientieren, das gleichermaßen für Reklamationen und Beschwerden gilt. Die Ideen der EVA3-Methode sind hier eingeflossen und um einige wichtige Aspekte erweitert worden.

❖ **Erforderliche Daten**
Stammdaten oder Bewegungsdaten, die zur Bearbeitung und Zuordnung der Beschwerde erforderlich sind, sollten im Briefkopf aufgenommen sein. Kundennummer, Anschrift, Name, Rechnungsnummer, Datum sind übersichtlich anzubringen. Dies beschleunigt den Vorgang und sichert die Bearbeitung.

❖ **Entschuldigung und Verständnis zeigen**
In der Einleitung sollte der Kontakt zum Kunden aufgebaut werden, indem man Verständnis für seine Situation zeigt und sich für den entstandenen Schaden oder Ärger entschuldigt.

❖ **Argumentation und Lösung des Problems**
Im Hauptteil des Briefes folgt nun die Argumentation, was wie warum passiert ist. Dies ist nicht immer erforderlich. Gegebenenfalls können Sie auch sofort zu Ihren Lösungsvorschlägen des Problems übergehen. Dazu zählen natürlich auch vorübergehende Lösungsvorschläge.

❖ **Abschluss**
Sie schließen Ihre Briefe ab, indem Sie bestärkende Formulierungen wählen, die Ihr Interesse am weiteren Kontakt zum Kunden betonen.

Beispiel für eine schriftliche Reaktion
Frau Bergler wollte sich für das anstehende Familienfest eine Bluse kaufen, die farblich zum neuen Kostüm passen sollte. Sie hat sich auf ein spezielles Blau und ein Modell mit kurzen Armen eingestellt. Im Geschäft suchte sie lange erfolglos. Da kein Verkäufer sie zu bemerken schien, sprach sie einen an, der sie aber an einen Kollegen verwies. Dieser half ihr nur unmotiviert und halbherzig beim Suchen. Nachdem er irgendwann die weitere Suche für aussichtslos erklärte, verließ er Frau Bergler. Enttäuscht ging Frau Bergler zum Ausgang, blickte sich noch hier und da um und fand überraschend doch noch eine Bluse, die exakt ihren Vorstellungen entsprach. Ärgerlich über die lange zunächst erfolglose Suche, die unmotivierten und schlecht informierten Mitarbeiter schrieb sie einen Beschwerdebrief an das Kaufhaus.

Es folgt nun eine mögliche Reaktion der Geschäftsleitung.

Zunächst persönlicher Kontakt: In einem ersten Telefonat rief der Geschäftsführer die Kundin an und entschuldigte sich persönlich. Das Telefonat dauerte 15 Minuten. Dieses Gespräch hat sich gelohnt: Die Kundin war positiv überrascht und sagte dies auch deutlich. Der Geschäftsführer erfuhr zudem im Gespräch auch Hintergründe und Details, die sie in ihrem Brief nur angedeutet hatte. Dabei erhielt er wertvolle Hinweise, wo es Service-Schwachstellen gab, die er in Zukunft beseitigen kann.
Einen Tag nach dem Telefonat ist zusätzlich das folgende Schreiben unterwegs:

Sehr geehrte Frau Bergler,

vielen Dank für Ihren ehrlichen Brief und das offene Gespräch, das wir geführt haben. Ihr Einkaufserlebnis hat mich außerordentlich betroffen gemacht. Auf diesem Weg entschuldige ich mich noch einmal aufrichtig für den entstandenen Ärger.

Es ist völlig richtig: Unsere Mitarbeiter sollen den Kunden bei der Suche nach der gewünschten Ware fachlich kompetent und mit ehrlichem Interesse unterstützen. Es tut mir Leid, Frau Bergler, dass dies bei Ihrem Einkauf in unserem Haus nicht geschehen ist, als Sie die passende Bluse für Ihr Kostüm gesucht haben. Dies muss natürlich umso unverzeihlicher für Sie sein, als der »Laden nicht einmal brummte« – wie Sie schreiben.

Ich bin natürlich auch Kunde und verstehe daher zu gut, wenn Sie sagen, dass Sie sehr enttäuscht von der Art und Weise sind, wie wir Sie am 23. März behandelt haben. Selbstverständlich lässt sich diese Erfahrung nicht ohne weiteres löschen. Vielleicht geben Sie uns aber eine zweite Chance, in der wir zeigen können, dass es sich um eine Ausnahme handelte?

Wir sind dankbar für Ihren Brief, und wir haben aus Ihren Anregungen gelernt. Wir haben ihn auch zum Anlass genommen, den Mitarbeitern unseres Hauses die besondere Bedeutung der Kundenbeziehung darzustellen. Unser Ziel ist es, dass unsere Kunden das Vertrauen haben, in unserem Geschäft die Kleidung zu finden, die Sie suchen. Dass Sie dabei engagiert unterstützt werden, gehört für uns zur Philosophie des Hauses – Sie haben uns gezeigt, dass wir daran weiter arbeiten müssen. Vielen Dank.

Ich würde mich sehr freuen, wenn wir auch in Zukunft das Geschäft Ihrer Wahl bleiben.

Mit freundlichen Grüßen

Geschäftsführer

»Individuelle Standardbriefe«: Der überlegte Einsatz von Textbausteinen

In den folgenden Abschnitten erhalten Sie einige konkrete Formulierungen und Satzbausteine, mit denen Sie Ihre Korrespondenz kundenorientiert gestalten können. Diese Satzbausteine sollen Sie anregen, auch eigene Ideen zu entwickeln. Passen Sie die Formulierungen Ihrem Sprachstil an. Bauen Sie aus den Textbausteinen mehrere Standardbriefe, die unterschiedlichen Erfordernissen entsprechen. Sehen Sie auch Leerstellen vor, in denen Sie

❖ den Namen des Kunden einbauen,
❖ Formulierungen des Kunden übernehmen,
❖ auf konkrete Schilderungen des Kunden Bezug nehmen können.

Der Wert eines guten Standardbriefes liegt darin, dass er die unnötige Arbeit erspart, immer wieder neue Formulierungen finden zu müssen. Werden diese aber nicht auf das konkrete Problem zugeschnitten, dann bleiben auch gute Textbausteine wirkungslos.

Textbausteine für den Einstieg

Mit den folgenden Textbausteinen können Sie Ihr Schreiben einleiten:

… vielen Dank für die Zusendung Ihres Briefes …
… wir bedanken uns für Ihre offene Darstellung, in der Sie auf … hinweisen …
… danke, dass Sie sich die Zeit genommen haben, uns auf die Mängel hinzuweisen, die …
… ich bin Ihnen dankbar, dass Sie uns über … informieren
… herzlichen Dank für Ihr Schreiben, in dem Sie zurecht …

Textbausteine für die Entschuldigung und das Verständniszeigen

Mit den folgenden Textbausteinen können Sie sich beim Kunden entschuldigen und Verständnis für seinen Ärger bekunden:

Ich verstehe, dass Sie sich über … ärgern und bedaure dies außerordentlich.
Es tut mir Leid. Ich bedaure, dass …
Ich bedaure sehr, dass diese Schwierigkeiten entstanden sind.
Sie sind zurecht ärgerlich, dass … passiert ist, und ich entschuldige mich aufrichtig dafür.
Ich entschuldige mich für …
Wenn Sie schreiben, dass …, gebe ich Ihnen in der Tat recht. Es tut mir Leid, dass dies passieren konnte.
Ich bin betroffen/bestürzt/enttäuscht/…
Es ist nicht zu entschuldigen, dass …
Sie haben Anspruch auf eine vollständige Lösung.
Es muss für Sie schwer verzeihbar sein, dass …
Dass … passieren konnte, muss Sie verständlicherweise sehr enttäuschen.
Es erscheint sicher nur als schwacher Trost, wenn wir Ihnen mitteilen, dass …
Sie haben völlig recht, dass …
Natürlich ist es richtig, wenn Sie schreiben, dass …
Dass unsere Mitarbeiter … ist unerklärlich.

Textbausteine für die Lösungsvorschläge

Die folgenden Textbausteine eignen sich, um Lösungen anzubieten oder die Konsequenzen zu benennen, die Sie aus der Beschwerde ziehen:

Wir haben dazugelernt, und bedanken uns für Ihren Hinweis. Um Sie für Ihre Mühe zu entschädigen, …
Wir haben durch Ihren Hinweis gelernt. Danke. Wir werden in Zukunft …
Selbstverständlich werden wir …
Wir wollen Sie als zufriedenen Kunden zurückgewinnen.
Wir schlagen Ihnen vor, dass …
Dass … passiert ist, haben wir zum Anlass genommen, … zu tun.
Damit der Vorfall ein Einzelfall bleibt, …

Natürlich ersetzen wir Ihnen …
Wir schlagen folgende Lösung vor: …
Der entstandene Ärger/Schaden lässt sich nicht rückgängig machen, aber …
Als kleinen Trost bieten wir Ihnen an, …
Vielleicht wird es Ihren Ärger nicht vollständig beseitigen, aber ich biete Ihnen an …
Ich biete Ihnen an, dass …
Wir wollen uns Ihr Vertrauen erarbeiten, indem wir …
Mit Sicherheit war es nicht die Absicht, dass … Deshalb bieten wir Ihnen an, dass …
Wir werden alles unternehmen, um …
Ich werde mich persönlich darum kümmern, dass …
Sobald … passiert ist, werden wir Ihnen …
Ihre Offenheit hat uns bewogen, …
Sie haben uns sehr geholfen. Wir werden deshalb …

Textbausteine für den Abschluss

Mit den folgenden Textbausteinen leiten Sie den Abschluss des Briefes ein:

Ich schätze Sie als langjährigen Kunden und …
Zögern Sie nicht, sich mit … in Verbindung zu setzen.
Geben Sie uns noch eine Chance, Ihnen zu beweisen, dass …
Geben Sie uns die Chance zu zeigen, dass …
Danke für Ihre Nachsicht.
Vielen Dank für Ihr Verständnis.
Wir wissen zu schätzen, dass …
Bitte sehen Sie uns nach, dass … und schenken Sie uns weiterhin Ihr Vertrauen.
Ich weiß Ihr Vertrauen zu schätzen und …

Übung: Schriftliche Reaktionen auf Beschwerden

Werden Sie nun selber aktiv. Versuchen Sie, einen Reklamationsbrief für die folgende Situation zu formulieren. Greifen Sie auf die Anregungen aus den Textbausteinen zurück. Spielen Sie mit den Formulierungen, um einen Stil zu finden, der zu Ihnen und Ihrem Unternehmen passt.

Herr Stratmann ist ein langjähriger Kunde, den Sie beliefern. Hin und wieder gab es schon einmal Schwierigkeiten, weil Sie Termine nicht einhalten konnten. Herr Stratmann rief manchmal verärgert an, häufiger aber schimpfte er heftig vor Ort bei der Anlieferung. Nun kam es wieder einmal zu einer Lieferverzögerung. Sie haben nichts von Herrn Stratmann gehört, bis Sie sein zweiseitiges Schreiben auf dem Tisch vorfinden, in dem er seinem aufgestauten Ärger Luft macht. Beispielhaft zählt er mehrere Terminüberschreitungen auf, teilt mit, dass er nie ein offenes Ohr, sondern stets Ausflüchte gehört habe und dass er mit dem Gedanken spiele, den Lieferanten zu wechseln.

....

....

....

....

....

....

....

....

....

....

....

....

....

....

....

Lösungsvorschlag zur Übung

Sehr geehrter Herr Stratmann,

ich bedanke mich für Ihre offene Darstellung, in der Sie zahllose Schwierigkeiten beschreiben, die Sie in jüngster Vergangenheit mit uns hatten. Ich bin dankbar, dass Sie sich die Mühe gemacht haben, uns zu sagen, wieso Sie mit uns unzufrieden sind.

Wenn Sie schreiben, dass Sie mit dem Gedanken spielen, den Lieferanten zu wechseln, dann kann ich das nach der Schilderung insbesondere des Vorfalls vom 3. Mai sehr gut verstehen. Es ist nicht zu entschuldigen, dass unser Mitarbeiter Ihnen gegenüber laut wird und die Schuld für die Lieferverzögerung nicht anerkennt. Ich bin über die geschilderten Vorfälle und insbesondere über dieses Verhalten bestürzt. Ich möchte mich persönlich in aller Form bei Ihnen entschuldigen! Aber Sie haben ein Recht auf mehr!

Wir werden sofort etwas unternehmen, denn wir wollen Sie als zufriedenen Kunden zurückgewinnen. Wir wollen beweisen, dass ein Vertrauen in die zukünftige Zusammenarbeit gerechtfertigt ist. Ihre Offenheit hat uns bewogen, folgende Konsequenzen zu ziehen:

❖ Wir werden …
❖ Wir werden …
❖ Sie erhalten …

Ich weiß: der entstandene Ärger lässt sich nicht ungeschehen machen. Mit den vorgeschlagenen Maßnahmen wollen wir uns Ihr Vertrauen wieder erarbeiten. Wir werden uns einsetzen, dass dies gelingt. Sollte dies nicht ab sofort spürbar sein, dann zögern Sie nicht, sich mit mir persönlich in Verbindung zu setzen.

Sie sind seit 1986 Kunde unseres Unternehmens. Für die Treue, die Sie uns schon so lange entgegenbringen, danke ich Ihnen!

Geben Sie uns noch eine Chance, die Zusammenarbeit erfolgreich fortzusetzen!

Mit freundlichen Grüßen

Kapitel 7
Beschwerdemanagement im Unternehmen einführen

In diesem Kapitel wird der besondere Beitrag dargestellt, den ein Beschwerdemanagement-System in der Kundenorientierungsstrategie eines Unternehmens spielen kann. Es wird darauf eingegangen, wie die Aktivitäten des Beschwerdemanagements mit anderen Maßnahmen zur Optimierung der Kundenorientierung vernetzt werden kann, und welche Bedeutung die Unternehmenskultur in diesem Zusammenhang hat. Abschließend gebe ich Anhaltspunkte, die bei der Einführung eines Beschwerdemanagements bedacht werden müssen.

Das Kapitel im Überblick

❖ Beschwerdemanagement wirkungsvoll und effizient gestalten

❖ Rahmenbedingungen für ein erfolgreiches Beschwerdemanagement

❖ Beschwerdemanagement als Teil der Kundenorientierungs-Strategie

❖ Einführung eines Beschwerdemanagements im eigenen Unternehmen

Beschwerdemanagement wirkungsvoll und effizient gestalten

Das Johari-Fenster

Das nach Joe Luft und Harri Ingham (1971) benannte Johari-Fenster ist ein Modell, das vier Bereiche unserer Wahrnehmungsfähigkeit veranschaulicht. Es entsteht, indem Selbstwahrnehmung und Fremdwahrnehmung in Beziehung zueinander gestellt werden:

Das Johari-Fenster

	Anderen bekannt	**Anderen unbekannt**
Mir selbst bekannt	Öffentliche Person	Privatsphäre
Mir selbst unbekannt	Blinder Fleck	Unbekannt

Eine wichtige Aussage des Modells ist, dass es Aspekte unserer Person gibt, über die wir selbst nichts wissen. Dieser Bereich erschließt sich aber anderen Personen und lässt sich durch Feedback im gegenseitigen Austausch vermitteln. Die Verringerung der »blinden Flecken« der Selbstwahrnehmung ist ein elementarer Bestandteil und erklärtes Ziel vieler Verhaltenstrainings (Fengler 1998).

Durch den Abgleich von Fremdwahrnehmung und Selbstwahrnehmung werden wir uns der Wirkungen unseres Verhaltens bewusst und erkennen, wo und wie wir uns im Sinne eines persönlichen Wachstums weiterentwickeln können.

Den Blickwinkel des Unternehmens vergrößern

Auch Unternehmen haben solche »blinden Flecken«. Man spricht hier oft von Systemblindheit, um zu beschreiben, dass innerhalb eines Unternehmens eine andere Wahrnehmung existiert, als es von außen, etwa von Kunden, wahrgenommen wird. Die Kunden bestimmen somit das Fremdurteil. Je besser einem Unternehmen die Wahrnehmung seiner Kunden bekannt ist, desto kleiner fallen die »blinden Flecken« aus. Ein direktes Kunden-Feedback erleichtert den Weg zu diesem Ziel. Daher ist die Analyse von Beschwerden eine wichtige Feedback-Quelle für das Unternehmen, die es zu nutzen gilt.

	Was der Kunde über das Unternehmen weiß	Was der Kunde nicht über das Unternehmen weiß
Was das Unternehmen über sich weiß	Feld A Image des Unternehmens	Feld B Unternehmensinterna
Was das Unternehmen nicht über sich weiß	Feld C Blinder Fleck	Feld D Unbekannt

Das Johari-Fenster im Unternehmen

Die Anordnung der vier Felder des Johari-Fensters zeigt die verschiedenen Wirklichkeiten, die aus Unternehmenssicht und aus Kundensicht wahrgenommen werden.

Was das Unternehmen über sich weiß

Relativ leicht zugänglich sind die Informationen des ersten Feldes dieser Abbildung. Feld A stellt die gemeinsame Wahrnehmung der Kunden und des Unternehmens dar. Das betrifft beispielsweise: die Qualität der Produkte, die Anzahl und Art von Werbemaßnahmen, die Ansprechpartner in bestimmten Bereichen etc.

Feld B beschreibt die Realitäten, die dem Unternehmen intern zugänglich sind, die die Kunden aber nicht kennen. Dazu gehören beispielsweise formelle und informelle Regeln und Verhaltensvorschriften, an die sich die Mitarbeiter halten, interne Prozesse sowie Produktionsabläufe.

Was das Unternehmen nicht über sich weiß

Interessanter für Unternehmen sind die Felder C und D. Hier verstecken sich Informationen, die die Unternehmen nicht ohne weiteres erhalten. Feld D beschreibt all das, was außerhalb der Wahrnehmungsfähigkeit des Kunden und des Unternehmens liegt, aber dennoch das Geschehen beeinflusst. Das können zum Beispiel Motive der Mitarbeiter sein oder die zukünftige Bedeutung der Firma am Markt. Informationen aus diesem Feld sind schwer zugänglich, aber häufig Gegenstand von Spekulationen und Prognosen.

Feld C stellt dar, was dem Unternehmen unbekannt ist, aber die Kundensicht offenbart. Informationen aus diesem Feld sind verständlicherweise hochinteressant, denn sie erweitern die Sicht des Unternehmens enorm. Genau diese Daten sollte jedes Unternehmen nutzen. Beschwerden bieten hier eine relativ leicht zugängliche Daten-Quelle. Sie bringen gesicherte Fakten über die Wirkung beim Konsumenten. Daraus lassen sich fundierte Aussagen zur Unternehmensstrategie ableiten. Gleichzeitig bieten sie einen unübersehbaren Vorteil: Diese Daten sind potenziell leicht zugänglich.

Kundenbefragungen oder Beschwerdemanagement?

Mit dem Total Quality Management ist auch das Thema Kundenorientierung stärker ins Unternehmensinteresse gerückt. Es gibt zahlreiche Maßnahmen, mit denen ein Bild der Kundenmeinung ermittelt werden kann. Einige dieser Maßnahmen, wie beispielsweise schriftliche Kundenbefragungen sowie Umfragen durch Meinungsforschungsinstitute haben sich seitdem als Methode etabliert, um Kundenbedürfnisse zu erfassen. Ihr konkreter Nutzen wird aber aus methodischen und finanziellen Gründen durchaus kontrovers diskutiert (Bailom et al. 1998).

Im Zuge dieser zunehmenden Orientierung am Kunden rückte auch die Analyse und Bearbeitung von Kundenbeschwerden immer mehr ins Blickfeld. Es wurde erkannt, dass man dadurch kostenlos wertvolle Informationen vom Kunden erhält, die aus Befragungen nicht zu gewinnen sind. Statt eines Befragungsergebnisses der allgemeinen Kundenbedürfnisse erhält man hier also spezifische, sofort umsetzbare Anregungen von Betroffenen. Diese Zielgruppe wird mittlerweile entdeckt. Kalkulationen zeigen, dass es sich rechnet, verlorene Kunden zurückzugewinnen. Die Akquisitionskosten zur Neukundengewinnung sind in einigen Branchen so hoch, dass Unternehmen mit abwanderungsbereitem Klientel Rückholaktionen starten (Wirtschaftswoche 28/99).

Der Nutzen des Beschwerdemanagements

Ein gezieltes Beschwerdemanagement ist also ein finanzwirtschaftlicher Faktor. Das Johari-Fenster veranschaulicht die wichtige Stellung der Kunden bei der Beseitigung »blinder Flecken«. Jede Beschwerde bringt wertvolle Daten, aus denen sich bei entsprechender Analyse (vgl. Kapitel 2) Maßnahmen ableiten lassen. So kann man einerseits Beschwerden ausräumen und andererseits zukünftig kundennähere Unternehmensprozesse gestalten. Messbarer Nutzen ist in folgenden Bereichen möglich:

Nutzen einer Beschwerdekultur	
Weiche Faktoren	**Harte Faktoren**
Service als Wettbewerbsfaktor: Ein guter Service hebt das Unternehmen von den Konkurrenten ab, weil es einen Mehrwert für die Kunden schafft. *Kundenbindung:* Kontinuität und Genauigkeit bei der Beschwerdeanalyse ermöglicht – durch die bessere Kundenkenntnis – eine gezieltere Kundenbetreuung.	*Gewinnsteigerung:* Ein erkennbarer Service, der einen Mehrwert für die Kunden schafft, kann sich auch in einem höheren Preis niederschlagen. Gleichzeitig rechnet er sich durch einen höheren Absatz. *Kostenersparnis:* Das Ergebnis einer genauen Beschwerdeanalyse schafft eine bessere Kundenkenntnis und ein gezielteres Marketing.

Vorteile einer Beschwerdekultur

Beschwerdestimulierung als Teilstrategie des Beschwerdemanagements

Bislang wurde von Beschwerden immer dann gesprochen, wenn der Kunde sich aus eigener Initiative an das Unternehmen gewandt hat. Es wurde bereits beschrieben, dass eine ganze Reihe psychologischer Barrieren existieren, die die Kunden daran hindern, Beschwerden zu äußern. Hinzu kommen oft auch organisatorische Barrieren, die es dem Kunden schwer oder sogar unmöglich machen, Beanstandungen vorzubringen. Diese beiden Barriereformen zu beseitigen gehört zu jeder Beschwerdemanagement-Strategie.

Meinungskarten in Hotels, Beschwerdebriefkästen in Geschäften, Kundenbefragungen und Serviceschalter sind beispielsweise Methoden, mit denen versucht wird, ein umfassenderes Bild von der Kundenmeinung zu erhalten. Ziel ist: Mehr Beschwerden zu erhalten. Beschwerdestimulierung (Stauss/Seidel 1998) ist eine geeignete Maßnahme, um Licht in das Dunkel der Masse der »Nicht-Beschwerer« zu werfen.

Nutzenmaximierung durch eine fokussierte Beschwerdemanagement-Strategie

Die Ergebnisse verschiedener Ansätze, um die Kundenzufriedenheit zu analysieren, haben Probleme aufgedeckt, die bei der Umsetzung solcher Vorhaben auftreten können. Diese sollten berücksichtigt werden, bevor die Entwicklung einer eigenen Strategie zur Beschwerdestimulierung, Beschwerdeanalyse und Beschwerdebearbeitung angegangen wird. Zwar ist die Übernahme verbreiteter und scheinbar bewährter Methoden nahe liegend, geschieht aber häufig ohne jede Prüfung auf Eignung. Im Eifer und der besten Absicht, die Beschwerden umfassend zu analysieren, um wirtschaftlich nutzbringende Maßnahmen abzuleiten, verfällt man leicht in einen Aktionismus, der unnötige Kosten verursacht. Angesichts des denkbar möglichen Aufwands entscheiden sich deshalb leider einige Unternehmen von vornherein dazu, sich nicht mit dem Thema zu beschäftigen. Schade, denn ein schlankes Beschwerdemanagement ist möglich und es ist einer undurchdachten Maßnahmenklotzerei überlegen. Fokussieren Sie Ihre Aufmerksamkeit deshalb auf die folgenden Erfolgsfelder:

❖ Fokus Arbeitsaufwand,
❖ Fokus Wissen,
❖ Fokus Kosten,
❖ Fokus Erhebungsfrust,
❖ Fokus Oberflächlichkeit,
❖ Fokus Unterbewusstsein,
❖ Fokus Delegation,
❖ Fokus Fehlertoleranz.

So können Sie ein Beschwerdemanagement einführen, sparen Ressourcen und sichern den Erfolg Ihrer Mühe.

Fokus Arbeitsaufwand: Die zusätzliche Arbeit im Griff behalten

Sicher ist es beeindruckend, Beschwerdebriefkästen aufzustellen, optisch ansprechende Meinungskarten drucken zu lassen und zu verteilen, oder mehrseitige Beschwerdebogen ausfüllen zu lassen, um zu erfassen, welche Beschwerden die Kunden haben. Was jedem Praktiker sofort einfällt, wenn er mit dem Gedanken spielt, ein eigenes Beschwerdemanagement-System aufzubauen, ist: Wer soll eine solche zusätzliche Arbeit überhaupt bewältigen? Entscheidend für ein wirkungsvolles Beschwerdemanagement ist aber nicht die Zahl der Daten oder die Größe des Aufwandes. Entscheidend ist ein wohl überlegtes hypothesenorientiertes Handeln. Reichheld (1996) berichtet von einer Autofirma, die jährlich bis zu sechs Kundenbefragungen durchführt, um die Kundenorientierung zu erfassen. Es braucht nur wenig Fantasie, um abschätzen zu können, dass der Aufwand und die dabei entstehenden Kosten wahrscheinlich exorbitant sind. Hier stellt sich unmittelbar die Frage, ob die gewonnenen Erkenntnisse dies rechtfertigen.

Wollen Sie ein Beschwerdemanagement etablieren, bewährt sich ein wissenschaftlich orientiertes Vorgehen. Beim empirischen Arbeiten steht die Hypothesenbildung vor der Datenerhebung. Das heißt nichts anderes, als dass man sich zunächst Klarheit verschafft und festlegt, was man überhaupt untersuchen will. Plant man die Datenerhebung und -analyse gezielt auf dieser Basis, dann ergeben sich in der Regel fokussierte und damit überschaubare Maßnahmen. So kann der erforderliche Aufwand den individuellen Möglichkeiten jedes Unternehmens angepasst werden.

Fokus Wissen: Internes Erfahrungswissen – Externes Spezialwissen

Es ist schon richtig: Beschwerdemanagement erfordert Expertenwissen. Die Experten sitzen aber bereits im Unternehmen. Es sind die Mitarbeiter, die an erster Stelle den Kundenkontakt haben. Sie sind es, die den schnellsten und besten Zugang zu entscheidenden Daten erhalten. Deshalb sollte man diese Mitarbeiter dafür gewinnen, gezielter mit Beschwerden umzugehen. Dies beginnt bei der Erhebung der Daten, wo die Mitarbeiter ein offenes Ohr für die Schwierigkeiten der Kunden entwickeln können. Dies setzt sich fort bei der Analyse der Beschwerden: Mitarbeiter im Servicebereich und im Kundenkontakt wissen meist sehr genau, welche Maßnahmen zur Problemvermeidung erforderlich wären. Es geht also nicht darum, ein Beschwerdemanagement an Externe abzugeben, sondern darum, externes Wissen hinzuzuziehen, um die internen Experten aufzubauen und sie zum Einsatz ihrer Kompetenzen zu motivieren.

Fokus Kosten: Die Kosten im Griff behalten

Die Erhebung der Beschwerdedaten und ihre Analyse verursachen Kosten. Diese messen sich an der Zeit, dem einzusetzenden Personal, den Aufwendungen für die Auswertung, den Folgekosten für abgeleitete Maßnahmen, den Materialkosten. Wenn die Zahl und Komplexität der zu erhebenden Daten steigt, müssen mehr Personen beteiligt werden. Damit steigen natürlich auch die Kosten. Das ist jedoch nicht zwangsläufig erforderlich. Effektives Beschwerdemanagement kann auch mit geringem Aufwand betrieben werden.

> *Beispiel 1:* Es beginnt bereits vor der Datenerhebung. Wie bereits erwähnt, sollte zu Beginn geklärt werden, welche Ziele man verfolgt. Lassen Sie sich von folgenden Fragen leiten:
>
> ❖ Was genau will ich erreichen?
> ❖ Welche Hypothesen habe ich über die Beschwerdegründe?
> ❖ Wer wird/kann später die Daten auswerten?
> ❖ Wie viele Daten sind ausreichend (nicht: wie viele sind möglich)?
> ❖ Welche Maßnahmen sind nach der Erhebung überhaupt möglich?

Fokus Erhebungsfrust: Folgeprobleme durch falsche Beschwerdeerhebung vermeiden

Wenn Sie mit dem Gedanken spielen, Beschwerden der Kunden zu erfragen, bedenken Sie, dass umfangreiche und mehrfache Befragungen Ärger provozieren können. Vielleicht haben Sie selbst schon einmal an einer Telefonumfrage teilgenommen, die sich entgegen der einleitenden Ankündigung über eine halbe Stunde hinzog? Vielleicht haben Sie aber auch schon erlebt, dass man Ihnen ungefragt einen Bogen zum Ausfüllen gab, der sich dann bei der Bearbeitung als Kundenbefragung herausstellte. Nicht jeder Kunde mag solche Erhebungen, bei denen seine Beteiligung fast erzwungen wird.

Eine andere Art von Folgeproblemen entsteht durch die psychologisch ungeschickte Einbindung der eigenen Mitarbeiter. Einerseits ist es nahe liegend und sinnvoll, Mitarbeiter mit direktem Kundenkontakt einzubinden. Die Mehrbelastung sollte aber zumutbar sein. Allzu formalisierte, aufwendige oder nicht nachvollziehbare Erhebungsbogen und -rituale führen zu unnötigen Frustrationen und ermuntern kaum zur Mitarbeit. Die Folge ist, dass die Ergebnisse nicht die Qualität besitzen, die eigentlich gewünscht ist.

Fokus Oberflächlichkeit: Beschwerdeanalyse erfordert angemessenen Tiefgang

Nennt jemand den Grund seiner Beschwerde, dann scheint klar zu sein, was man tun muss, um die Beschwerde in Zukunft zu vermeiden. Oder etwa doch nicht? Im Qualitätsmanagement (Imai 1992) vertraut man nicht darauf, mit der ersten Begründung schon die wahre Ursache gefunden zu haben. Eine eigene Methode wurde ersonnen. Fünfmal fragt man nach dem Warum, um den Dingen wortwörtlich auf den Grund zu gehen. Die Erfahrung zeigt nämlich, dass die wahren Ursachen sich häufig vielschichtiger darstellen, als es den Anschein hat (Reichheld 1997; Bohlen 1997).

Beschwerdemanagement sollte also nicht bei vordergründigen Erhebungen aufhören. Es bewährt sich, einen genaueren Blick zu wagen und exakt zu analysieren, welche Ursache den wahren Kern der Beschwerde ausmachen. Erst dann ist ein wirklicher Erfolg bei der Analyse und den daraus abgeleiteten Maßnahmen zu erwarten.

Fokus Unterbewusstsein: Nicht alle Beschwerdemotive sind bewusst zugänglich

Die meisten Erhebungsverfahren basieren auf persönlichen Einschätzungen, warum man sich so oder anders verhält. Dies setzt die Vorannahme voraus, dass man rational handelt. Häufig jedoch sind die Motive des eigenen Handelns gar nicht bewusst zugänglich. Aus diesem Grund sind viele Erklärungen und Selbstbeschreibungen häufig nachträglich getroffene rationale Begründungen, mit denen man sich sein Verhalten auch vor sich selbst erklärt.

Das wiederholte Hinterfragen der Daten, wie es im Total Quality Management angewandt wird oder die Meinungserhebung in der morphologischen Marktforschung, bei der unbewusste Entscheidungsprozesse erforscht werden (Dammer/Szymkowiak 1998), sind als Strategien besonders gut geeignet, um verborgenen Beweggründen und Ursachen einiger Beschwerden näher zu kommen.

Fokus Delegation: Probleme der Delegation der Datenerhebung

Bailom et al. (1998) berichten über das Ergebnis einer Studie, nach der 71 Prozent der befragten Unternehmen, vor allem solche mit mehr als 500 Mitarbeitern, Marktforschungsinstitute einsetzen, um Kundenwünsche und Kundenprobleme zu ermitteln. Aber nur etwa die Hälfte findet dieses Vorgehen wirklich sinnvoll. Woher kommen diese Zweifel selbst bei Unternehmen, die diese Methode anwenden? Man muss davon ausgehen, dass das Handeln vieler Kunden von Motiven geleitet wird, die ihnen nicht bewusst zugänglich sind. Deshalb sagen Selbsturteile nicht unbedingt etwas über die wirklichen Kernmotive aus. Profis wissen, dass diese Schwäche bei Befragungen nicht ausgeschlossen werden kann. Befragungsergebnisse lassen außerdem ausschließlich Aussagen zu, wie Kunden sich in der Vergangenheit verhalten haben. Man kann nicht vorhersagen, ob ein zufriedener Kunde in Zukunft wirklich zu einem Wiederkäufer wird (Reichheld 1997).

Diese Erfahrung sollte man auch im Beschwerdemanagement nutzen. Die Einbindung von Mitarbeitern, die über Hintergrundinformationen in Bezug auf Kunden, Produkte und interne Abläufe des Unternehmens verfügen, ist beim Beschwerdemanagement unverzichtbar. Gleichzeitig zeigt sich, dass die Mitarbeiter stets der kritische Faktor bei der Umsetzung von Service-Philosophien im Unternehmen sind (Schmorrte/Sieger1996).

Fokus Fehlertoleranz: Psychologische Hemmnisse der Beschwerdeanalyse

Aus Fehlern wird man klug, darum ist einer nicht genug. Man mag zwar zustimmen, wenn man diesen Spruch hört, im Fall eines Misserfolges neigt man aber doch eher dazu, sich Neuem zuzuwenden, um Fehler durch ausgleichenden Erfolg rasch vergessen zu machen. Dies ist menschlich. Beschwerden weisen auf Fehler hin. Die Bereitschaft, sie zu analysieren, um aus ihnen zu lernen, setzt ein hohes Selbstbewusstsein voraus. Erst die Analyse der Ursachen verschafft neue Einsichten, wie man es in Zukunft besser machen könnte. Wenn aber die eigene Unternehmenskultur keine ausreichende Akzeptanz gegenüber Fehlern zeigt, werden die Verantwortlichen nicht zur offenen Auseinandersetzung mit den Ursachen motiviert. Konstruktiv ist es, nicht in der Suche nach Schuldigen zu enden, sondern sich verantwortungsbereit auf die Suche nach Lösungen zu machen. Dies kann aber nur in einer Unternehmenskultur mit hoher Fehlertoleranz gelingen.

Rahmenbedingungen für ein erfolgreiches Beschwerdemanagement

Die Unternehmenskultur als Dreh- und Angelpunkt

Die Unternehmenskultur entscheidet, ob es gelingt, ein wirkungsvolles Beschwerdemanagement aufzubauen, das den Kunden begeistert. Bürokratie vergrault Kunden. Shapiro und Rangan (1993) weisen darauf hin, wie wichtig die Einstellungen der einzelnen Mitarbeiter zu Kunden, zu Beschwerden, zu Fehlern, zum Lernen sind. Barlow und Møller (1996) und Bruhn (1999) schlagen einige Fragen vor, mit denen Sie rasch ein internes Audit durchführen können, um festzustellen, inwieweit intern eine Kultur existiert, in der ein Beschwerdemanagement gedeihen kann:

❖ Wie stehen die Mitarbeiter des Unternehmens zu Beschwerden?
❖ Nach welchen Kriterien sind die Führungspositionen besetzt?
❖ Welche Unternehmensbereiche und -ebenen haben Kundenkontakt?
❖ Wie ermutigt das Unternehmen die Kunden zu Beschwerden?
❖ Haben die Kunden das Gefühl, dass ihre Beschwerden willkommen sind?
❖ Wie gut bearbeiten die Mitarbeiter Beschwerden?
❖ Werden die Mitarbeiter für die Beschwerdebearbeitung geschult?
❖ Welche Vollmachten besitzen die Mitarbeiter zur Beschwerdebearbeitung?
❖ Ist das Unternehmen bereit, nach Beschwerden Änderungen durchzuführen?
❖ Wird vorbildliche Beschwerdebehandlung belohnt?
❖ Unterstützt die Kundendienststrategie die Beschwerdebearbeitung?
❖ Was weiß das Unternehmen über die Kunden?
❖ Wie ist der vertikale und horizontale Austausch kundenbezogener Daten?
❖ Wie hoch ist der Grad der Bürokratisierung der Prozesse im Unternehmen?
❖ Wie geht das Unternehmen mit internen Beschwerden um?

Die Einstellung zum Kunden

Eine Beschwerdekultur im Unternehmen schafft man nicht durch das Verteilen verbindlicher Vorschriften für die Mitarbeiter oder durch die Propaganda der nächsten Trends. Das Wichtigste für eine Beschwerdekultur ist die Einstellung der Mitarbeiter zum Kunden. Stimmt diese und ist das Unternehmen tolerant genug, Fehler als Lernchance zu begreifen, dann sind die Voraussetzungen gegeben, um eine wirkungsvolle Beschwerdekultur zu etablieren. Wie wichtig die Fehlerkultur ist, haben wir bereits ausgeführt.

Einstellungen und Verhalten müssen harmonieren

»Der Kunde ist König – aber die Monarchie wurde bekanntlich abgeschafft.«

Die Bemühungen zum verbesserten Umgang mit Beschwerden stehen und fallen mit der Einstellung der Mitarbeiter zum Kunden und zu den Maßnahmen selber (Schmorrte/Sieger 1996). Einstellungen sind der Motor unseres Verhaltens. Man kann zwar fordern, dass Mitarbeiter sich freundlich verhalten, dass sie die Kunden anlächeln, nett begrüßen und verabschieden. Haben sie aber die Einstellung, ein Kunde koste nur Zeit und Nerven oder Kundenorientierung sei nur eine vorübergehende Laune der Unternehmensführung, dann stehen Einstellung und Verhalten im Widerspruch. In diesem Fall werden alle Vorgaben, die man im Sinne der Optimierung der Kundenorientierung einsetzt, leblos und ohne nachhaltige Wirkung bleiben. In Zusammenhang mit Kundenbindungsmaßnahmen ist deshalb unbedingt empfehlenswert, das Servicedenken als langfristige Verpflichtung auf allen Ebenen zu verankern (Bruhn 1999). Dem liegt die Erfahrung zugrunde, dass ein neues Verhalten nur dann dauerhaft übernommen wird, glaubwürdig und nachhaltig wirkt, wenn es mit den Einstellungen der Personen in Einklang steht.

Vorschläge zur Erarbeitung eigener Leitsätze

Hier sind einige Vorschläge gesammelt (nach: Nagel/Rasner 1993; Scheerer 1994), die als Anregung dienen können, unternehmensintern Leitsätze zu formulieren und öffentlich zu machen, wie man den Kunden – insbesondere bei der Behandlung seiner Beschwerden – sehen will.

Auswirkungen werden solche Leitlinien im Sinne einer Einstellungsbildung allerdings erst dann haben, wenn Sie von den Mitarbeitern verinnerlicht werden. Deshalb verzichten einige Unternehmen auf lange Listen oder Paragrafen und reduzieren die wichtigsten Vorsätze auf einige wenige Kerngedanken oder Parolen. Ein Slogan wie beispielsweise »Wir garantieren hundertprozentige Zufriedenheit des Kunden« ist einprägsam und wird von jedem Mitarbeiter verstanden und behalten. Dabei sind mehrere Punkte zu bedenken (Firnstahl 1990):

❖ Neue Grundsätze, die zum Beispiel ein sehr kundenorientiertes Verhalten fordern, überfordern einige Mitarbeiter zu Beginn. Man muss Geduld und Unterstützung anbieten, damit die Mitarbeiter sich die neuen Einstellungen zu eigen machen können und keine Reaktanzen aufbauen.

❖ Die neuen Grundsätze sollten konsequent eingefordert, beworben und sichtbar gemacht werden. Sie können in die Personalauswahl, die Einführung neuer Mitarbeiter und die Ausbildung einfließen, um sie vollständig zu etablieren. Die Verwirklichung und Umsetzung der Grundsätze durch die Mitarbeiter sollte visualisiert werden.

❖ Handeln im Sinne der neuen Grundsätze muss auch belohnt werden. Nichteinhalten der Grundsätze sollte nicht zu Vorwürfen führen. Damit würde man nur zur Verschleierung animieren. Erfolgversprechender ist es herauszufinden, was die Einhaltung verhindert und wie man sie erleichtern kann.

In diesem Sinne sollten die hier vorgestellten Leitsätze auch als Anregung zur Formulierung eigener Prinzipien oder eines eigenen Grundprinzips dienen.

❖ **Kunden sind Ziel und Zweck meiner Arbeit**
Erst wenn der Kunde ein Produkt erwirbt oder eine Dienstleistung in Anspruch nimmt, kann das Unternehmen existieren. Nur wenn das Unternehmen bestehen bleibt, bleiben auch die Arbeitsplätze erhalten.

❖ **Kunden sind auf Dauer nicht von mir abhängig**
Keine Dienstleistung und kein Produkt ist auf Dauer konkurrenzlos. Es ist kurzsichtig zu glauben, dass ein Kunde sich von mir abhängig macht.

❖ **Kunden, die zufrieden sind, sichern meinen Arbeitsplatz**
Zufriedene Kunden kommen gerne wieder. Jeder Kunde, der wegen meiner Leistung wiederkommt, macht meine Arbeit unentbehrlicher.

❖ **Kunden sind Botschafter meiner Leistungen**
Zufriedene und unzufriedene Kunden sprechen über die Leistungen, die sie erhalten haben. Sie prägen das Urteil anderer potenzieller Kunden, noch vor dem ersten Kontakt mit dem Unternehmen.

❖ **Kunden, die Vorurteile über unser Unternehmen haben, sind eine besondere Herausforderung**
Es besteht kein Anlass, sich über Kunden mit Vorurteilen zu ärgern. Wenn man von seinen Leistungen überzeugt ist, sollte man es als Herausforderung begreifen, die verkannten Qualitäten zu beweisen.

❖ **Kunden gewinnen einen Streit am Ende immer**
Einen Streit mit einem Kunden kann man gar nicht gewinnen, weil er immer am längeren Hebel sitzt und letztlich darüber entscheiden kann, ob er weiterhin meine Leistungen beansprucht.

❖ **Kunden, die mich kennen lernen, lernen das gesamte Unternehmen kennen**
Jeder Mitarbeiter ist ein Vertreter des Unternehmens und als solcher Repräsentant des Ganzen. Vielleicht bin ich die erste Kontaktperson zum Kunden. Damit präge ich so wie jeder Mitarbeiter das äußere Erscheinungsbild des Unternehmens.

❖ **Kunden suchen Lösungen – meine Aufgabe ist es, sie zu finden**
Wenn der Kunde Kontakt zum Unternehmen aufnimmt, ist er auf der Suche nach der Lösung eines Problems. Jeder Mitarbeiter kann dabei immer ein Stück weiterhelfen.

Übung: Was bedeutet eine Beschwerde für Sie?

Neben der Einstellung zum Kunden beeinflusst auch die ganz persönliche Einstellung zu Beschwerden das eigene Verhalten. Passend ist eine Einstellung dann, wenn sie die Arbeit erleichtert, nicht wenn sie sie erschwert. Es ist nahe liegend, die persönliche Einstellung zum Gegenstand des Buches bewusster zu machen. Es geht um die zentrale Frage, was Beschwerden und Reklamationen für Sie bedeuten. Und wieder werden Sie Anregungen erhalten, um weniger Erfolg versprechende Einstellungen gegen erfolgversprechendere einzutauschen. Doch eins nach dem anderen. Nehmen Sie sich etwas Zeit. Machen Sie sich bewusst und halten Sie fest, was Beschwerden für Sie bedeuten:

....

....

....

Beschwerden als Bereicherung erleben

In diesem Abschnitt habe ich einige Ansichten und Einstellungen zum Thema Beschwerde und Reklamation zusammengestellt, die Sie jetzt mit Ihren Einstellungen vergleichen können. Vielleicht werden Sie nicht jede Ansicht teilen. Dennoch gibt es Argumente, die für jede der unten genannten Ansichten sprechen. Lassen Sie sich anregen, Ihre eigenen Einstellungen zu überdenken. Es wird Ihnen persönlich helfen, Beschwerden als Bereicherung zu erleben, aus denen Sie positiven Nutzen ziehen können.

Auf der Organisationsebene können Sie überprüfen, wie fehlertolerant Ihr Unternehmen ist. Prüfen Sie, wie viele Aussagen für Ihr Unternehmen zutreffen.

❖ **Es gibt Beschwerden, also nutze ich sie**
Beschwerden können immer auftauchen. Dies ist unabhängig von der Qualität der Produkte und Dienstleistungen, die man anbietet. In der Regel kennt man sogar typische Kundenbeschwerden. Sie zu leugnen macht weder die Beanstandungen noch die Probleme, auf die sie verweisen, ungeschehen. Die Folge ist eher, dass früher oder später noch größere Probleme aus ihnen erwachsen. Sich mit ihnen auseinander zu setzen bietet hingegen die Chance, aus ihnen zu lernen.

❖ **Beschwerden bringen neue Ideen**
Kein Unternehmen wird ernsthaft etwas dagegen einwenden, wenn es kostenlose Anregungen erhält, wie es mehr Profit machen kann. Beschwerden sind solche neue Ideen und Anregungen. Der Kunde gibt sie Ihnen freiwillig und vielleicht sogar unaufgefordert.

❖ **Beschwerden nutzen dem Kunden und dem Unternehmen**
Wenn sich Unternehmen damit beschäftigen, wie die Ursachen für wiederkehrende Beschwerden beseitigt werden können, dann beschäftigen sie sich immer auch damit, die Kundenbeziehung zu optimieren. Der daraus resultierende Nutzen liegt also gleichermaßen beim Kunden und beim Unternehmen.

❖ **Beschwerden gibt es nicht**
Es ist ein Trugschluss zu glauben, dass Leistungen nicht verbessert werden können. Wer keine Beschwerden kennt oder zu taub ist, sie zu hören, der läuft nicht Gefahr, sondern ist bereits dabei, den Kontakt zu seinen Kunden zu verlieren.

❖ **Beschwerden sind kostenloses Innovationsmanagement**
Die Suche nach neuen Märkten und Produkten ist für wachstumsorientierte Unternehmen sehr wichtig. Allein die Stimulation und Analyse von Beschwerden können bereits einen wichtigen Beitrag zur Weiterentwicklung von Produkten und Dienstleistungen liefern. Günstiger und einfacher kann man sich kaum Expertenwissen des Konsumenten oder Anwenders zunutze machen.

❖ **Beschwerden sind die Chance zum unternehmerischen Erfolg**
Bei der Darstellung unternehmerischer Erfolgsgeschichten liegt der Fokus häufig auf der Darstellung neuer Leistungen. Kann man nicht auch sagen, dass es erfolgreichen Unternehmen stets gelang, die historisch gerade bestehenden Beschwerden und die Schwierigkeiten der Konsumenten rechtzeitig zu erkennen und erfolgreich zu lösen?

❖ **Beschwerden verhindern das Vergreisen des Brainpools**
Herausforderungen halten jung. Wer sich wandelt und seiner Umwelt anpasst, stellt sich der Herausforderung seiner Kunden. Sich auf den Wandel einzulassen bedeutet auch, Wissen, Erfahrungen und die Flexibilität zu erweitern.

❖ **Beschwerden zeigen wirklich erforderlichen Weiterbildungsbedarf**
Mitarbeiter sind in einer sich ständig wandelnden Berufswelt fortwährend gezwungen, ihre fachlichen und sozialen Kompetenzen den beruflichen Anforderungen anzupassen. Die Analyse der Beschwerden zeigt präzise und unmittelbar auf, wo im Unternehmen akute Anpassung erforderlich ist und was den schnellsten und größten Nutzen verspricht.

Rollenanforderungen für Mitarbeiter im Beschwerdemanagement

Die Qualität der Bearbeitung von Beschwerden hängt von den involvierten Menschen ab. Die Anforderungen, die dabei an die zuständigen Service-Mitarbeiter gestellt werden, unterscheiden sich verständlicherweise von denjenigen, die an die Vorgesetzten gestellt werden. Die Einstellungen zum Kunden und zu Beschwerden allgemein spielen dabei natürlich eine große Rolle, da sie das Verhalten entscheidend beeinflussen.

Sie lernen nun beobachtbare und verhaltensbezogene Kompetenzen kennen, die einen qualifizierten Mitarbeiter auszeichnen. Sie können die Liste dazu nutzen, gezielt die erforderlichen Kompetenzen aufzubauen, die Sie noch benötigen. Dazu gibt Ihnen Kapitel 5 zahlreiche Hinweise und Anregungen. Als Personalverantwortlicher oder Vorgesetzter, der nach geeigneten Mitarbeitern für entsprechende Aufgaben Ausschau hält, werden Ihnen die hier vorgestellten Kriterien außerdem einige Anhaltspunkte bieten, auf die Sie schon bei der Rekrutierung neuer Mitarbeiter achten können.

Die Anforderungen hängen von der Beschwerdeform ab

Beschwerdeform hat einen Einfluss darauf, welche Anforderungen bei der Bearbeitung auf den Mitarbeiter zukommen. So stellt der direkte Kundenkontakt höhere Anforderungen an die Verhaltensflexibilität und die kommunikativen Fähigkeiten als der telefonische Kundenkontakt. Die relativ geringsten Anforderungen bestehen bei der schriftlichen Beschwerdebearbeitung. Das hat sicherlich auch damit zu tun, dass man auf eine ganze Reihe von Standardbriefen und Standardtextbausteinen zurückgreifen kann, wenn erst einmal ein schriftliches System zur Beschwerdebearbeitung etabliert ist.

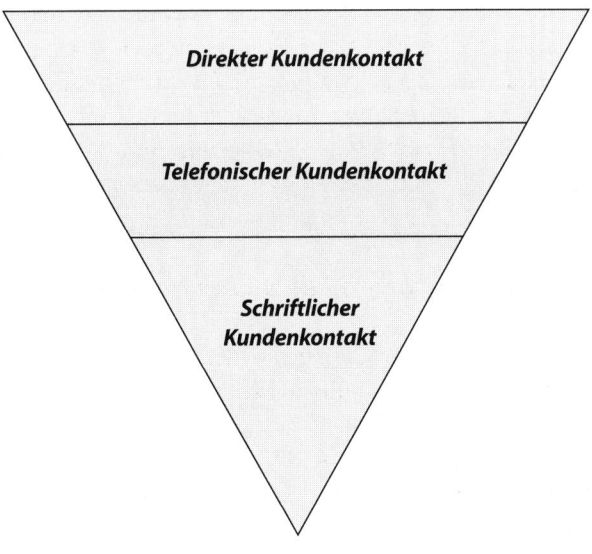

Unterschiedliche Kompetenzanforderungen bei der Beschwerdebearbeitung

Wie Qualifikation, Kundenkontakt, Arbeitsumfeld und Beschwerden zusammenhängen

Der direkte Umgang mit Menschen erfordert das größte Maß an Verhaltensflexibilität und Menschenkenntnis, da der direkte Kontakt zum Kunden immer ein hohes Maß an Unkalkulierbarkeit bedeutet. Deshalb ist es erforderlich, die entsprechenden Kompetenzen unbedingt zu überprüfen und gegebenenfalls aufzubauen.

In der Praxis zeigt sich immer wieder, dass gerade das Personal mit dem höchsten Maß an Außenkontakten und das Personal, das den ersten Kontakt mit den Kunden hat, auf niedrig bezahlten Arbeitsplätzen arbeitet und über die geringste Qualifikation verfügt. Bedenkt man die relativ hohe Zahl an Kundenkontakten und die geringe Qualifikation, ergibt sich zwangsläufig das Risiko höherer Folgebeschwerden, die sich auf das Personal beziehen. Deshalb ist die Schulung sozialer Grundkompetenzen, die Vermittlung von Servicestandards, die Schaffung eines kundenorientierten Arbeitsumfeldes nicht nur besonders wichtig, sondern auch besonders effektiv (Hart/Heskett/Sasser 1991).

Ein weiterer Faktor, der zu bedenken ist, ist das Ausmaß und die Art zusätzlicher Belastungen der Mitarbeiter. Wer sich hauptberuflich mit Beschwerden beschäftigt, wird zwangsläufig ganz andere Routinen entwickeln, als solche Mitarbeiter, die ohne ausreichende Schulung ins Feld geschickt werden, nur hin und wieder mit Beschwerdebearbeitung konfrontiert werden oder parallel nicht beschwerdebezogene Sachbearbeitung erledigen müssen. Abwechslung verhindert zwar Stresssymptome, andersartige Arbeiten sollten aber zeitlich und räumlich klar getrennt werden.

Kompetenzen des Mitarbeiters im Beschwerdemanagement

Der ideale Mitarbeiter im Beschwerdemanagement verfügt über das folgende Kompetenzspektrum:

Fachliche Kompetenzen		Soziale Kompetenzen		Persönliche Kompetenzen
Makrowissen	Beispiele	Makro-kompetenz	Beispiele	
Produkt-kenntnis	❖ Produkt-vorteile ❖ Produkt-bezeich-nungen ❖ Ausstat-tungs-merkmale	Kommunikati-onsfreude	❖ Fragetech-niken ❖ Kompeten-tes Zuhören ❖ Kritik an-nehmen ❖ Rhetorik ❖ nonverbale Kompetenz	Problemver-antwortung Produktiden-tifikation Positives Menschenbild
Anwendungs-kenntnis	❖ typische Probleme mit dem Produkt ❖ Tricks und Kniffe im Umgang mit dem Produkt	Selbstbe-wusstsein Konflikt-kompetenz	❖ Darstel-lungsfreude ❖ Sicheres Auftreten ❖ Deeskalati-onstech-niken ❖ Problem-analyse	Offenheit Eigeninitiative
Organisations-wissen	❖ Organi-gramm ❖ Zuständig-keiten ❖ Verant-wortlich-keiten ❖ Informati-onswege	Belastungs-fähigkeit Hilfsbereit-schaft	❖ Ruhe ❖ Abschalten können ❖ Prioritäten setzen ❖ Zielorientie-rung ❖ Lächeln ❖ Einfühlung ❖ Zuvorkom-men ❖ Natürlich-keit	

Die *fachlichen Kompetenzen* kann man in der Regel relativ schnell erwerben. Viele Unternehmen schulen ihre Mitarbeiter und motivieren dazu, die eigenen Produkte zu benutzen. Dies erhöht sowohl die Produktkenntnis als auch die Anwendungskenntnis der Mitarbeiter. Das ist aber nicht in allen Branchen und in allen Unternehmen möglich. Wenn die Produktpalette eines Unternehmens sehr breit ist, es sich um Industrieprodukte zur Weiterverarbeitung handelt oder die Organisation in Sparten aufgeteilt ist, dann existieren Hürden, die zumindest die Anwendungskenntnis einschränken. In einem Baumarkt beispielsweise setzt es einige Erfahrung voraus, bis man alle Produkte und ihre Verwendung bzw. Verarbeitung kennt. In einem Handwerksbetrieb kennt der Verkäufer im Laden nicht die Feinheiten, die sein Kollege vor Ort bei der Arbeit mit dem Produkt beachtet. Das Organisationswissen bezieht sich auf die Kenntnis innerbetrieblicher Prozesse sowie formeller und informeller Regeln.

Bei den *sozialen Kompetenzen* geht es um ein ausgeprägtes Interesse an der Kommunikation mit Kunden. Da es sich bei Beschwerden um konfliktreiche Kommunikationssituationen handelt und selten Feedback über die eigene Arbeit vom Kunden kommt, sollte die Person selbstbewusst und belastbar sein. Servicemitarbeiter, die zur Bearbeitung von Beschwerden eingesetzt werden, jedoch nicht ausreichend sensibel sind, sprachliche Signale und Körpersignale zu deuten, werden kaum erfolgreich Konflikte beilegen und zufriedene Kunden bewirken. Personen, die von verärgerten Kunden noch im Schlaf heimgesucht werden, oder die regelmäßig noch nach Feierabend Arbeitsprobleme wälzen, sind ungeeignet, unvermeidbare Belastungen dauerhaft auszuhalten.

Die *persönlichen Kompetenzen* bilden den Hintergrund, auf dem soziale und fachliche Kompetenzen gedeihen können. Persönliche Kompetenzen sind relativ stabil und eher formbar als lernbar. Aus diesem Grund kommt der Überprüfung der persönlichen Kompetenzen bei der Personalselektion auch ein hoher Stellenwert zu, wenn man nicht vornehmlich daran interessiert ist, billiges Personal zu rekrutieren. Mitarbeiter, die sich mit einem Produkt identifizieren können und die motiviert und offen sind, werden sich beispielsweise erforderliche Fachqualifikationen auch selbstverantwortlich aneignen, weil sie merken, dass es ihnen die Arbeit erleichtert.

Anforderungen an die Führungskraft im Beschwerdemanagement

Der ideale Vorgesetzte im Beschwerdemanagement verfügt über folgendes Kompetenzspektrum:

Fachliche Kompetenzen	Soziale Kompetenzen	Persönliche Kompetenzen
Produktexperte Anwendungskenntnis Organisationsprofi	Coachingkompetenz Netzwerkkompetenz	Integrationsfigur (Vorbild) Fehlertoleranz Optimismus Serviceapostel Verkaufsdenken

Die *fachliche Kompetenz* ist wichtig, um als Ansprechpartner bei den Mitarbeitern und innerhalb des Unternehmens als Vertreter des Aufgabenbereiches Akzeptanz zu bekommen.

Die *soziale Kompetenz* beinhaltet die Fähigkeit, den Mitarbeitern als Gesprächspartner und Coach Vorbild darin zu sein, wie man mit Konflikten umgeht und Lösungen anbahnt. Konflikttoleranz und Sensibilität trotz Selbstbewusstsein sind dazu die Voraussetzung.

Der Vorgesetzte im Beschwerdemanagement hat die Aufgabe, die Rahmenbedingungen für die Mitarbeiter zu schaffen, die eine optimale Bearbeitung von Beschwerden sicherstellen. Dazu gehört eine ausgesprochene Netzwerkkompetenz. Dies ist die Fähigkeit, zu unterschiedlichen Abteilungen des Unternehmens Kontakte aufzubauen, um Informationen in und aus diesen Abteilungen zur Bearbeitung von Beschwerden zu nutzen, und um die Bedeutung der eigenen Arbeit intern zu vermarkten.

Die *persönliche Kompetenz* drückt sich in erster Linie durch die Verinnerlichung des Servicedenkens aus. So wird der Vorgesetzte zur Integrationsfigur, zur Persönlichkeit, die vorlebt, worum es beim Beschwerdemanagement geht. Optimismus und Verkaufstalent, um die Bedeutung des Beschwerdemanagements für das Unternehmen glaubhaft zu untermauern, sind dazu unabdingbar.

> »Wo wir sind, klappt nichts. – Aber wir können nicht überall sein.«

Beschwerdemanagement als Teil der Kundenorientierungs-Strategie

Beschwerdemanagement muss als Teilelement einer Strategie zu mehr Kundenorientierung verstanden werden. Ich zeige Ihnen, wie das Beschwerdemanagement im Rahmen einer solchen Strategie positioniert werden kann, welchen Beitrag zur Kundenorientierung es leistet und was bei der Umsetzung des Beschwerdemanagements bedacht werden sollte.

Erfolgreiche Kundenorientierung durch Produktqualität, Kundenzufriedenheit und Kundenbindung

Zusammenhänge zwischen Unternehmenserfolg und Beschwerdemanagement

Der Erfolg eines Unternehmens hängt wesentlich von dem Zusammenspiel der Faktoren Produktqualität, Kundenzufriedenheit und Kundenbindung ab (Herrmann/Huber/Braunstein 2000). Das Beschwerdemanagement spielt in diesem Zusammenhang insofern eine Rolle, als die Beschwerdestimulation sowie die gezielte Analyse von Beschwerden Anregungen bietet, wie Produkte oder Dienstleistungen des Unternehmens optimiert werden können. Zudem hängt die Kundenzufriedenheit und Kundenbindung auch davon ab, wie ein Unternehmen auf Kunden reagiert, die sich beschweren.

Ein wichtiges Ziel jedes Unternehmens ist natürlich die Kundenbindung. Denn es sind geringere Investitionen nötig, als dies bei der Neukundengewinnung der Fall ist. Kundenbindung erfolgt aber nicht automatisch, wenn ein Kunde zufrieden ist (Reichheld 1993). Kunden wollen »gepflegt« werden. In diesem Sinne ist ein gutes Beschwerdemanagement eine passende flankierende Maßnahme, denn eine aus Kundensicht zufrieden stellende Bearbeitung von Beschwerden führt zu einer stärkeren Kundenbindung und leistet so einen Beitrag zum Unternehmenserfolg.

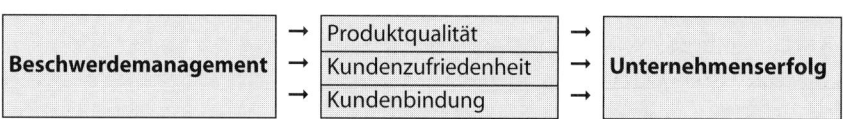

Die verschiedenen Strategien zur Kundenorientierung verknüpfen

Ein gutes Beschwerdemanagement ist nur Teil einer Gesamtstrategie hin zu mehr Kundenorientierung. Wie gut die Vernetzung mit den anderen Aktivitäten klappt, hängt auch davon ab, ob das Beschwerdemanagement erfolgreich zur besseren Kundenorientierung beiträgt (Bruhn 1999; Griffin et al. 1995). Deshalb muss der Informationsfluss und die Verbindung zu Bereichen wie Total Quality Management (TQM), Servicemanagement, Personalmanagement und zum Innovationsmanagement hergestellt werden.

Beschwerdemanagement als Teilstrategie zu höherer Kundenorientierung

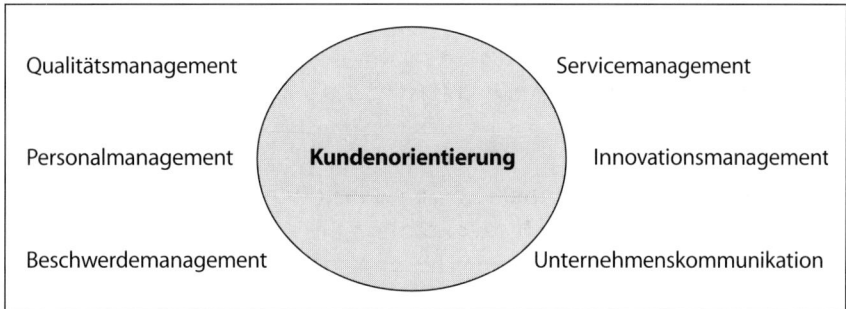

Zusammenhänge zwischen Servicemanagement und Beschwerdemanagement

Das Servicemanagement ist mit seinen Maßnahmen darauf gerichtet, durch einen herausragenden Service, Kunden ans Unternehmen zu binden, insbesondere auch neue Kunden zu gewinnen und die eigene Marktposition zu optimieren. Das Beschwerdemanagement bezieht sich dagegen stets nur auf bereits vorhandene Kunden. Deshalb ist es stärker als das Servicemanagement als Strategie zur Sicherung bereits existierender Kunden zu verstehen. Insbesondere solche Kunden sind hier gemeint, bei denen die Gefahr sehr groß ist, sie zu verlieren. Das Beschwerdemanagement kann somit auch als Teil eines umfassenden Servicemanagements verstanden werden.

Investitionen in einen verbesserten Service können das Beschwerdemanagement nicht ausklammern. Bedenken Sie, dass ein hoher Service Erwartungen weckt. Je höher diese sind, desto leichter können sie enttäuscht werden. Je höher die Wahrscheinlichkeit von Enttäuschungen, desto größer ist die Gefahr, dass Beschwerden auftauchen. Ein gutes Beschwerdemanagement stellt daher in diesem Fall sicher, dass kein Serviceloch in dieser schwierigen Kontaktphase mit dem Kunden entsteht. Zudem wird erst durch ein kompetentes Beschwerdemanagement der Service als glaubwürdig wahrgenommen.

Unternehmen, die bereits Instrumente zur Messung der Servicequalität einsetzen, können diese vergleichsweise problemlos auf ihr Beschwerdemanagement übertragen und so Erfahrungen nutzen.

Zusammenhänge zwischen Qualitätsmanagement und Beschwerdemanagement

Das Qualitätsmanagement ist häufig vorrangig produktbezogen. Umfassendere Konzepte beziehen aber auch eine Verbesserung der Prozesse und die Entwicklung der Mitarbeiter mit ein. Man könnte meinen, eine bessere Produktqualität sei gleichbedeutend mit geringeren Beschwerden. Dies ist aber nicht unbedingt der Fall. Wird man als Kunde schlecht beraten oder muss man beim Erwerb des Produktes unverständlich große Mühen auf sich nehmen, besteht bereits Anlass zur Beschwerde, selbst wenn das Produkt qualitativ hochwertig ist und deshalb Beanstandungen eher unwahrscheinlich sind.

Ein umfassendes Qualitätsmanagement trägt wesentlich mehr zur Steigerung der Kundenbindung bei als Kundenveranstaltungen, Kundenzeitschriften, Kundensegmentierung, unentgeltliche Leistungen, spezielle Rabatte oder Kundenclubs (USW et al. 1997). Durch das Beschwerdemanagement können wertvolle Anregungen für Planung und Umsetzung von Qualitätsmaßnahmen gewonnen werden. Dabei ist zu bedenken, dass diese Anregungen in jedem Fall nicht allein das Produkt oder die Dienstleistung betreffen, sondern auch Prozesse und beteiligte Personen berücksichtigt werden müssen.

Das Qualitätsmanagement orientiert sich klassischerweise daran, internes Wissen zur Qualitätsverbesserung zu nutzen. Das Beschwerdemanagement ergänzt dies durch Impulse von außen.

Zusammenhänge zwischen Personalarbeit und Beschwerdemanagement

Die Qualität des Beschwerdemanagements steht und fällt mit den Mitarbeitern. Dies betrifft Sachbearbeiter und Führungskräfte gleichermaßen. Auf Seite 163 wurde vorgestellt, welche Kompetenzen gefordert sind. Durch Personalauswahl und Personalentwicklung wird damit wesentlich beeinflusst, wie kompetent die Kundenbeschwerden bearbeitet werden und welchen Stellenwert das Beschwerdemanagement im Unternehmen einnimmt.

Personalentwicklung muss darin bestehen, Mitarbeiter durch verhaltensorientierte Trainingsmaßnahmen auf den Umgang mit verärgerten und schwierigen Kunden vorzubereiten. Darüber hinaus sollten soziale Kompetenzen, die bei der Beschwerdebearbeitung gefordert werden, ebenfalls Bestandteil bei der Mitarbeiterbeurteilung und Führungskräftetrainings sein. Kundenzufriedenheit ist nur mit einer veränderten Führung möglich (Griffin et al. 1995). Grundhaltungen, die das Beschwerdemanagement fordert, müssen auf allen Ebenen, in allen Bereichen und allen Maßnahmen erkennbar werden, die die Personalentwicklung verantwortet. Das kann natürlich nur funktionieren, wenn auch bei Neueinstellungen genau diese Grundhaltungen als Auswahlkriterien berücksichtigt werden.

Zusammenhänge zwischen Innovationsmanagement und Beschwerdemanagement

Das Innovationsmanagement zielt auf die Verbesserung des Leistungsangebotes eines Unternehmens. Neue und verbesserte Produkte spielen dabei eine große Rolle. Die Generierung der dazu erforderlichen neuen Ideen kann aus unternehmensinternen Quellen (Kundendienstberichte, Forschungsergebnisse, Mitarbeiterbefragungen) sowie aus externen Quellen gespeist werden. Ganz davon abgesehen, dass das Beschwerdemanagement für manche Unternehmen bereits eine Innovation wäre, macht es Informationen der Kunden als externe Quelle zugänglich. Beschwerdemanagement dient so als Impulsgeber für Weiterentwicklungen und Verbesserungen.

Außerdem ist das Beschwerdemanagement ein Sensor, mit dem sehr nah am Kunden erfasst werden kann, was als Innovation wahrgenommen wird.

Besonderheiten des Beschwerdemanagements im Vergleich

Das Wissen, das aus dem Beschwerdemanagement gewonnen und zum Wettbewerbsvorteil eingesetzt werden kann, lässt sich nicht durch die bereits angesprochenen anderen Maßnahmen zur Steigerung der Kundenorientierung ersetzen. Folgende Grafik veranschaulicht dies:

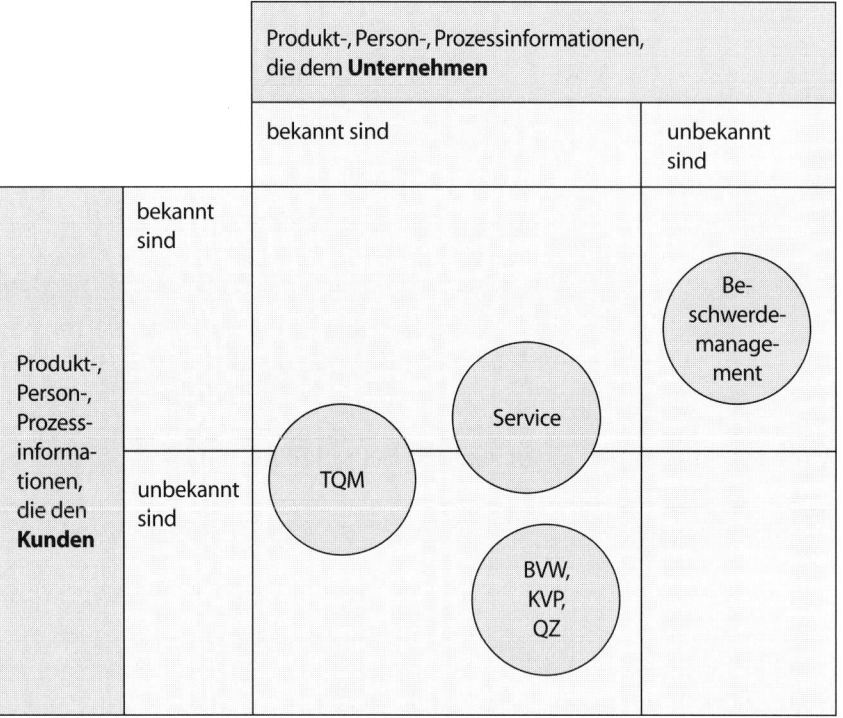

Der besondere Beitrag des Beschwerdemanagements

Informationen, die den Service betreffen, sind für den Kunden wie für das Unternehmen gleichermaßen sichtbare und deshalb bekannte Faktoren. Dies gilt auch für einige Themen des Qualitätsmanagements (TQM). Informationen aus dem betrieblichen Vorschlagswesen (BVW), aus Qualitätszirkeln (QZ) oder Kontinuierliche Verbesserungsprozesse (KVP) sind größtenteils nur innerhalb des Unternehmens bekannt. Informationen über Produkte, Prozesse, Personen, die zu Beschwerden führen, liegen hingegen außerhalb der Wahrnehmung des Unternehmens. Sie können erst als Teil einer Kundenorientierungsstrategie genutzt werden, wenn ein aktives Beschwerdemanagement betrieben wird.

Die Kano-Analyse

Die nach dem Japaner Noriaki Kano benannte Kano-Analyse ist ein Verfahren zur Prüfung der Frage, wie sich Maßnahmen zur Steigerung der Produktqualität auf die Kundenzufriedenheit auswirken. Er geht davon aus, das Kundenanforderungen an ein Produkt in Basis-, Leistungs- und Begeisterungsanforderungen unterschieden werden können. Auch Dienstleistungen sind Produkte.

- ❖ *Basisanforderungen* muss ein Produkt unbedingt erfüllen, sonst reagiert der Kunde mit Unzufriedenheit. Sind sie erfüllt, dann führt dies aber noch nicht zu Zufriedenheit, der Kunde ist lediglich nicht unzufrieden.
- ❖ *Leistungsanforderungen* sind dadurch charakterisiert, dass der Kunde umso zufriedener ist, je mehr von ihnen erfüllt sind.
- ❖ *Begeisterungsanforderungen* werden in der Regel weder von Kunden erwartet noch beschrieben. Werden sie aber geboten, dann steigt die Zufriedenheit des Kunden sprunghaft an.

Was heute begeistert, kann morgen bereits Standard sein

Herrmann et al. (2000) beschreiben die Kano-Analyse an einem Beispiel:

Eine *Basisanforderung* beim PC-Kauf ist zum Beispiel die mitgelieferte Software. *Leistungsanforderung* wäre die Speicherkapazität des Gerätes. Je mehr Speicherkapazität für das Geld geboten wird, desto zufriedener ist der Kunde. *Begeisterungsanforderung* wäre die unentgeltliche Installation der Software durch den Händler.

Diese Anforderungen sind nicht statisch. Sie verändern sich im Laufe der Zeit. Was heute noch Leistungs- oder Begeisterungsanforderung ist, kann morgen schon zur Basisanforderung werden. In einem Hotelzimmer erwarten Sie beispielsweise mittlerweile einen Fernseher. Was vor Jahren Leistungsanforderung war, ist also mittlerweile zur Basisanforderung geworden.

Diese Unterscheidung der Anforderungen bedeutet für die Unternehmenspraxis, dass die Serviceleistungen ständig angepasst und immer wieder erneuert werden müssen. Die Analyse von Beschwerden kann dabei wichtige Impulse geben.

Ableitungen der Kano-Analyse für das Beschwerdemanagement

Die Unterscheidung der Kundenanforderungen, wie sie in der Kano-Analyse vorgenommen werden, lassen wichtige Ableitungen zu:

❖ Produktqualität lässt sich nicht beliebig steigern. Wenn Produktqualität als Basisanforderung erfüllt ist, dann mag es wirtschaftlich sinnvoller sein, Maßnahmen zur Verbesserung der Kundenzufriedenheit oder zur Kundenbindung zu forcieren. In diesem Sinne kann ein Unternehmen durch einen vorbildlichen Service eine Begeisterungsanforderung schaffen. Und dabei kann die Behandlung von Beschwerden natürlich eine herausragende Rolle spielen, die gleichermaßen auf Kundenzufriedenheit und Kundenbindung einwirkt.

❖ Eine andere Erkenntnis ist, dass Firmen mit geringer Kundenbindung die Bedeutung von Bindungsmaßnahmen unterschätzen. Während Firmen mit hoher Kundenbindung die Bedeutung zum Teil überschätzen. Unternehmen unterliegen also der Gefahr, die Bedeutung einzelner Faktoren verzerrt wahrzunehmen. Auch aus diesem Grund ist es wichtig, den externen Blick des Kunden, seine Erwartungen und Beschwerden genau zu analysieren, um eine realistische Einschätzung zu erhalten.

Ein Beispiel, wie die Firma Viking sich zur Kundenorientierung verpflichtet

Einführung des Beschwerdemanagements im eigenen Unternehmen

Grundsätzliches zur Struktur des internen Beschwerdemanagements

Bei der Einführung eines effektiven Beschwerdemanagements stellt sich grundsätzlich die Frage, ob der Aufbau eher *zentral oder dezentral organisiert* werden soll. Eine eindeutige Trennung ist in der Praxis nicht realisierbar. Stauss und Seidel (1998) schlagen vor, folgende Faktoren zu bedenken:

❖ **Art des Produktes**
  Bei Dienstleistungen ist eine dezentrale Organisation sinnvoll, damit die Personen im Kundenkontakt sofort auf Beschwerden reagieren können. Bei Produkten, bei denen technisches Wissen oder ein genaueres Wissen über den Produktgebrauch gefragt ist, scheint eine zentrale Organisation zweckmäßig.

❖ **Kundenzahl**
  Bei wenigen Kunden muss die Beschwerderegelung so zentral oder dezentral erfolgen, wie der Kundenkontakt ausfällt, unabhängig von der Funktion des betreuenden Mitarbeiters. Zentrale Beschwerdebehandlung ist hingegen bei großen Kundenzahlen sinnvoll.

❖ **Art des Vertriebes**
  Es macht einen Unterschied, ob das Unternehmen in einem direkten Kontakt mit dem Endverbraucher steht oder ob das Produkt über den Zwischenhandel vertrieben wird. Prägt der Zwischenhandel die wahrgenommene Produktqualität, dann muss er auch bei der Planung des Beschwerdemanagements berücksichtigt werden.

❖ **Zentralität des Kundenkontaktes**
  Einige Unternehmen sind so organisiert, dass der Kunde zur Zentrale und zu Zweigstellen, Franchise-Partnern o. Ä. Kontakte hat. Die Möglichkeit, sich zu beschweren und die Qualität der Beschwerdebehandlung wird also an unterschiedlichen Stellen wahrgenommen.

Richtlinien zur Einführung eines internen Beschwerdemanagements

Unabhängig von der genauen Struktur des Beschwerdemanagements bieten einige grundlegende Richtlinien eine gute Orientierung, die sich bei der Implementierung hoher Kundenzufriedenheit bewährt haben (nach: Griffin et al. 1995; Bruhn 1999; Tax/Brown, 2000):

Entwicklungsrichtung bei der Einführung des Beschwerdemanagements

Ausgehend vom/von ...		Hin zu ...
Ende des Prozesses	→	Anfang des Prozesses
Sichtbaren für den Kunden	→	Verborgenen für den Kunden
Externen Kunden	→	Internen Kunden
Einfachen	→	Komplexen
Führenden	→	Geführten
Prozess	→	Produkt
Kurzfristiger Aktion	→	Langfristigem Prozess
Kompetenzen fördern	→	Kompetenzen fordern
Vagen Service-Versprechen	→	Festen Service-Standards
Beschwerdemarathon für den Kunden	→	Beschwerdespaziergang für den Kunden
Beschwerdebearbeitern	→	Beschwerdeverantwortlichen

❖ **Vom Ende des Prozesses zum Anfang**
   Dort, wo der direkte Kundenkontakt besteht, muss das Beschwerdemanagement zunächst greifen. Das bedeutet, dass zunächst am Ende der Prozesskette Kompetenzen aufgebaut werden müssen, um Folgeprobleme zu vermindern. Dann sollte die Prozesskette schrittweise zurückverfolgt werden und Kompetenz im Umgang mit Beschwerden bis hin zu den Mitarbeitern in der Produktion aufgebaut werden.

❖ **Vom Sichtbaren zum Verborgenen**
   Die Effekte eines gelungenen Beschwerdemanagements sind dann am wirkungsvollsten, wenn Sie auch für möglichst viele Kunden sichtbar werden. Im Sinne eines guten Selbstmarketings sollten Funktionsbereiche, die für den Kunden verborgen sind, in solche Bereiche des Beschwerdemanagements eingebunden werden, zu denen ein direkter und starker Kontakt besteht.

❖ **Vom externen Kunden zum internen Kunden**

In erster Linie scheint sich das Beschwerdemanagement auf den Kunden zu beziehen, der ein Produkt oder eine Dienstleistung extern in Anspruch nimmt. Der Aufbau eines Beschwerdemanagements sollte aber mittelfristig auch interne Kunden – Kollegen – einbeziehen.

❖ **Vom Einfachen zum Komplexen**

Beschwerden zu bearbeiten heißt, zu handeln. Je länger man sich der Bedeutung des Beschwerdemanagements verschließt, je länger man sich damit beschäftigt, ein ausgefeiltes System zu entwerfen, das sich als Hochglanzbroschüre vermarkten lässt, desto mehr Zeit verstreicht. Es ist viel wirkungsvoller, mit einfachen Maßnahmen zu beginnen, um Erfolge bei der Beschwerdebehandlung zu erzielen. Erfolge ermutigen und fördern es, schrittweise fortzufahren und komplexere Strukturen des Beschwerdemanagements aufzubauen.

❖ **Von den Führenden zu den Geführten**

Die Qualität und die Wirksamkeit des Beschwerdemanagements hängt nicht nur davon ab, in welchem Maße die Mitarbeiter geschult sind. Die Führungskräfte und die Unternehmensleitung müssen das Thema Kundenorientierung vorleben. Anderenfalls nehmen die Mitarbeiter Widersprüche wahr, und verweigern innerlich die Unterstützung.

❖ **Vom Prozess zum Produkt**

Der beispielhafte Weg zu mehr Kundenzufriedenheit geht vom Service zur Qualitätssicherung und zur Produktverbesserung. Das Beschwerdemanagement leistet einen Beitrag zu einem vorbildlichen Service. Es muss aber auch dazu beitragen, das Qualitätsmanagement und die Produktentwicklung zu unterstützen, um Probleme von vornherein zu vermeiden, die Beschwerden verursachen können.

❖ **Von der kurzfristigen Aktion zum langfristigen Prozess**

Beschwerdemanagement aus einem modischen Impuls heraus einzuführen, und auf schnell vermarktbare Effekte zu hoffen, ist naiv. Man muss mit ersten Aktionen starten, Effekte prüfen, aber einen langen Atem beweisen. Je geringer die Kundenorientierung eines Unternehmens ist, desto stärker wird die Verunsicherung bei den Mitarbeitern anfangs sein. Ihnen Entscheidungskompetenzen zu übertragen, wird in diesem Fall schwer fallen. Bis sich die Anfangsinvestitionen amortisieren, müssen sogar kurzfristig Verluste einkalkuliert werden. Bis zum dauerhaften Erfolg sollte man fünf Jahre einkalkulieren.

»Hier arbeiten wir Hand in Hand. – Was der eine nicht schafft, lässt der andere liegen.«

❖ **Vom Kompetenzen fördern zur Kompetenzen fordern**

Beschwerdemanagement wird erst durch die Mitarbeiter, die es in die Tat umsetzen, lebendig und greifbar. Von den Mitarbeitern nur zu fordern, »freundlich« oder »kundenorientiert« zu handeln, ist zu wenig. Mitarbeiter brauchen Unterstützung, die dazu erforderlichen Kompetenzen zu erwerben. Trainings und Schulungsmaßnahmen, die Verhaltenskompetenzen aufbauen, auffrischen und erweitern, sollten Bestandteil zur Qualitätssicherung sein. Dabei geht es nicht nur um Fachwissen, sondern insbesondere um soziale Kompetenzen, Kommunikationsverhalten sowie Fähigkeiten zu Stressbewältigung.

❖ **Von vagen Versprechen zu festen Standards**

Ein Unternehmen sollte sich zunächst Klarheit darüber verschaffen, welche Servicestandards bisher gelten. Was nicht nur versprochen, sondern auch gehalten werden kann. Diese Standards können dann erweitert und optimiert werden. Von bestehenden, unausgesprochenen und informellen Serviceleistungen und Beschwerdestandards kann man dann schrittweise dazu übergehen, verbindliche Versprechen der Beschwerdebehandlung festzuschreiben und zu veröffentlichen.

❖ **Vom Beschwerdemarathon zum Beschwerdespaziergang**

Aus Beschwerden zu lernen setzt voraus, dass man es den Kunden leicht macht, sich zu beschweren. Daher sollten die Hindernisse nach und nach ausgeräumt werden. Bürokratismus und Formalismus auf der organisatorischen Seite und Desinteresse auf der Mitarbeiterseite machen den Unterschied zwischen Marathon und Spaziergang aus. Begeben Sie sich selbst auf die Seite des Kunden, um zu sehen, zu hören und zu erleben, wie Sie Beschwerden stimulieren können.

❖ **Vom Beschwerdebearbeiter zum Beschwerdeverantwortlichen**

Viele Beschwerden entstehen erst oder verursachen Folgeprobleme, weil in die Bearbeitung mehrere Mitarbeiter einbezogen werden. So gehen Informationen verloren oder Zeitverzögerungen treten auf. Man kann dies umgehen, wenn die Personen, die den ersten Kontakt mit der Beschwerde haben, zum »Eigentümer« des Problems werden. Man nennt dieses Prinzip »complaint ownership«. *Das heißt:* Der Mitarbeiter, der als Erster die Beschwerde aufnimmt, ist aufgefordert, das Problem selbst zu lösen oder andere Mitarbeiter einzuschalten, sobald sein Kompetenzbereich überschritten ist. In jedem Fall bleibt er »Pate« des Problems. Das Prinzip bringt auf anschauliche Weise zum Ausdruck, wie ein Beschwerdemanagement aussieht, bei dem Beschwerden tatsächlich ernst genommen werden.

Literaturverzeichnis

Adamson, C./Goodman, J.: Evolving Complaint Procedures. In: Managing Service Quality, Nr. 1, 1993

Bailom, F./Tschemernjak, D./Matzler, K./Hinterhuber, H. H.: Durch strikte Kundennähe die Abnehmer begeistern. In: Harvard Business Manager, Nr.1, 1998

Barlow, J./Møller, C.: Eine Beschwerde ist ein Geschenk. Wien 1996 (Ueberreuter)

Blanchard, K./Johnson, S.: Der Minuten Manager. Reinbeck 1996 (Rowohlt)

Bohlen, F. N.: Dem Kunden genau zuhören. In: Harvard Business Manager, Nr. 2, 1997

Brückner, M.: Reklamationsmanagement: Wie aus Beschwerden Chancen werden; Wien 1997

Bruhn, M.: Kundenorientierung. München 1999

Dammer, I./Szymkowiak, F.: Die Gruppendiskussion in der Marktforschung; Opladen/ Wiesbaden 1998

Fengler, J.: Feedback geben; Weinheim und Basel 1998 (Beltz)

Firnstahl, T. W.: Mitarbeiter garantieren die Produktqualität. In: Harvard Manager; 12. Jg., Nr. 1, 1990, S. 7–12

Fisher, R./ Ury, B./ Patton, B.: Das Harvard-Konzept; Frankfurt a. M./ New York [16]1997 (Campus)

Goodman, J.A./Malech, A. R./Marra, T.R.: Beschwerdepolitik unter Kosten-/Nutzen-Gesichtspunkten – Lernmöglichkeiten aus den USA. In: Hansen, U./Schoenheit, I. (Hrsg.): Verbraucherzufriedenheit und Beschwerdeverhalten, Frankfurt a. M./New York 1987 (Campus)

Goodman, J. A.: The nature of customer satisfaction. In: Quality Progress, No. 2, 1989

Griffin, A., Gleason, G., Preiss, R., Shevenaugh, D.: »Die besten Methoden zu mehr Kundenzufriedenheit.« In: Harvard Business Manager, Nr. 3, 1995

Haeske, U.: Erfolgreich telefonieren im Beruf. Weinheim und Basel 1999 (Beltz)

Hansen, U., Jeschke, K.: »Beschwerdemanagement für Dienstleistungsunternehmen – Beispiel des KFZ-Handels.« In: Bruhn, M., Stauss, B. (Hrsg): Dienstleistungsqualität, Wiesbaden 1995

Hart, C. W. L./ Heskett, J.L./ Sasser, W. E.: Wie Sie aus Pannen Profit ziehen. In: Harvard Manager; Nr. 1, 1991

Herrmann, A., Huber, F., Braunstein, C.: Kundenzufriedenheit garantiert nicht immer mehr Gewinn. In: Harvard Business Manager, Nr. 1, 2000

Imai, M.: Kaizen. Der Schlüssel zum Erfolg der Japaner im Wettbewerb. München [6]1994 (Ullstein)

Kaas, K./Runow, H.: Wie befriedigend sind die Ergebnisse zur Verbraucherzufriedenheit? In: Die Betriebswirtschaft 1987

Kobjoll, K.: Virtuoses Marketing. Landsberg a. L: 1998 (mvg)

Luft, J.: Einführung in die Gruppendynamik. Stuttgart 1970 (Klett)

Mehrabian, A.: Silent Messages. Wadsworth 1971

Meyer, A./Dornach, F.: Das Deutsche Kundenbarometer 1996 – Qualität und Zufriedenheit; München 1996

Müller, W./Riesenbeck, H.-J.: Wie aus zufriedenen auch anhängliche Kunden werden. In: Harvard Manager; Nr. 3, 1991

Nagel, K./Rasner, C.: Herausforderung Kunde. Neue Dimensionen der kunden- und marktorientierten Unternehmensführung. Landsberg am Lech 1993

Reichheld, F. F.: Treue Kunden müssen auch rentabel sein. In: Harvard Business Manager; Nr. 3, 1993

Reichheld, F. F.: Lernen Sie von abtrünnigen Kunden, was Sie falsch machen. In: Harvard Business Manager, Nr. 2, 1997

Richins, M.: Negative word of mouthby dissatisfied consumers: a pilot study. In: Journal of Marketing; 47. Jg., Nr. 4, 1983

Scheerer, H.: Kundengefühle sind Tatsachen. In: Harvard Manager; 16. Jg., Nr. 2, 1994

Schmortte, S./Sieger, H.: Servicewüste Deutschland. An der Schmerzgrenze. In: Focus; Nr. 34, 1996

Schulz von Thun, F.: Miteinander reden: Störungen und Klärungen; Reinbek 1988

Stauss, B./Seidel, W.: Beschwerdemanagement ^{2}1998 (Hanser)

Stauss, B./Neuhaus, P.: Das Unzufriedenheitspotential unzufriedener Kunden. In: Marktforschung & Management, Nr. 4, 1996

Schäfer, A.: Nichts für Seelchen. In: Wirtschaftswoche, Nr. 28; 1999

Shapiro, B. P./Rangan, V. K./Sviokla, J. J.: Wie Sie die Schwächen in Ihrem Bestellzyklus ausmerzen. In: Harvard Business Manager; Nr.1, 1993

TARP: Consumer Complaint Handling in America: Final Report; Washington DC. 1979

Tax, S. S., Brown, S. W.: Kundenbeschwerden: Was Fairness bringt. In: Harvard Business Manager, Nr.1, 2000

Treacy, M., Wiersema, F.: Drei Wege zur Marktführerschaft. In: Harvard Business Manager, Nr. 3, 1993

Ullmann, T., Peill, E.: Beschwerdemanagement als Mittel zur Kundenbindung. In: Versicherungswirtschaft, Nr. 21, 1995

USW Universitätsseminar der Wirtschaft/NewMark Väth & Partner/Trustmark CFI (Hrsg.): Kundenbindung in deutschen Unternehmen – Wege und Erfolge; Frankfurt a.M. 1997

Bildnachweis

S. 22: www.beschwerde-online.de

S. 40, 58, 59, 75, 94, 95, 109, 119, 121: Ulrike Rath, Aachen

S. 46: JAKO-O GmbH, Rodach

S. 172: VIKING DIREKT GmbH, Großostheim

*W*BELTZ WEITERBILDUNG

Udo Haeske
Erfolgreich telefonieren im Beruf
Informieren, beraten, überzeugen.
204 S. Zahlr. Abb. Pappband.
ISBN 3-407-36352-4

Telefonieren kann doch jeder!? So einfach ist es jedoch nicht immer: Schwierige Kunden, wichtige Beratungen, ausführliche Verhandlungen – all dies erfordert gute Kenntnisse, wie die Kommunikation am Telefon abläuft. Dieses Buch richtet sich an alle, die das Telefon vor allem beruflich erfolgreicher nutzen wollen. Der Autor erklärt die Besonderheiten der Telefonkommunikation. Er zeigt, wie die Leser ihre Telefonkompetenz steigern können: die Wirkung der Stimme verbessern, gezielt zuhören, Gesprächsregeln.

Aus dem Inhalt:
Bausteine erfolgreicher Telefonkommunikation; Typgerecht telefonieren; Strategien für schwierige Telefonate; Stressbewältigung für Vieltelefonierer.

Michael Reddy
Mitarbeiter beraten
Kollegiale Hilfe zur Selbsthilfe.
197 S. 20 Abb. Pappband.
ISBN 3-407-36328-1

Der Mensch ist der wichtigste Aktivposten eines Unternehmens. Der Erfolg hängt davon ab, ob ein effektives und zufrieden stellendes Arbeiten möglich ist. Unter diesen Gesichtspunkten ist Beratung ein kostengünstiges Mittel zur Verbesserung der Arbeitsleistung. Doch gute Beratung will gelernt sein. Michael Reddy versteht darunter vor allem die Hilfe zur Selbsthilfe. Die Betroffenen sollen in die Lage versetzt werden, selbst die Lösung ihres Problems herbeizuführen. Er beschreibt ausführlich die drei Phasen des Beratungsprozesses mit den dazugehörigen Fähigkeiten, Techniken und Einstellungen.

Aus dem Inhalt:
Die drei Phasen der Beratung; Beratungstechniken; Eigenschaften eines Beraters; Karriereberatung.

Herman Blom
Sitzungen erfolgreich managen
Sitzungen als Kommunikationsmittel und Management-Instrument richtig nutzen.
142 S. Zahlr. Abb. Pappband.
ISBN 3-407-36358-3

»In Sitzungen schlägt das Herz einer Organisation.« Es wird beratschlagt, diskutiert und Entscheidungen getroffen. Die Zusammenarbeit der Mitarbeiter zeigt sich darin. Gut gestaltete Sitzungen tragen daher erheblich zum Unternehmenserfolg bei. Sie sind ein wichtiges Management-Instrument und ein bedeutendes Kommunikationsmittel! Herman Blom zeigt, wie es geht: Er erläutert Funktionen und Dimensionen Vorbereitung, Ablauf und Evaluierung von Sitzungen. Zahlreiche Beispiele und Fallbeschreibungen verdeutlichen den Inhalt.

Aus dem Inhalt:
Tatort Sitzung; Die Sitzung als Management-Instrument; Die Sitzung als Teamaufgabe; Der Ablauf einer Sitzung.

Cornelia Weiß
Professionell dokumentieren
Notizen, Protokolle, Berichte, Produktbeschreibungen, Web-Seiten texten und gestalten.
204 S. Pappband.
ISBN 3-407-36354-0

Je härter der Wettbewerb, je vergleichbarer Produkte und Dienstleistungen, desto mehr gewinnt der sprachliche Auftritt von Unternehmen an Bedeutung. Texten und gestalten Sie daher Ihre Firmendokumente zielgerichtet und wirkungsvoll! Cornelia Weiß zeigt Ihnen, Texte lesefreundlich zu gestalten und zielgruppenorientiert und sachgerecht zu einer Einheit zu formen. Als oberste Maxime gilt: Verständlich und persönlich formulieren.

Aus dem Inhalt:
Die fünf Phasen der Texterstellung; Texte planen; Terminologiearbeit; Formulieren; Qualität verbessern; Beispieldokumente: Notizen, Protokolle, Berichte, Produktbeschreibungen, Web-Seiten.

Beltz Verlag • Postfach 100154 • 69441 Weinheim • www.beltz.de

W BELTZ WEITERBILDUNG

Michael A. West
Innovation und Kreativität
Wege und Strategien für
Unternehmen mit Zukunft.
Übers. aus dem Englischen:
Elisabeth Steinweg-Fleckner.
192 S. Zahlr. Abb. Pappband.
ISBN 3-407-36339-7

»Innovationen sind die
Zukunft eines jeden Unternehmens.« Michael A. West
beschreibt Wege zur besseren
Entwicklung von Kreativität:
auf individueller Ebene, in
Gruppen und Teams sowie
im gesamten Unternehmen.
Tatsache ist: Innovative
Unternehmen brauchen eine
Kultur für das Neue. Voraussetzung ist eine Arbeitsumge-
bung, welche die schöpferische
Energie aller Mitarbeiter frei-
setzt. Michael A. West zeigt die
Bedingungen auf, Innovationen in die Praxis umzusetzen.

Aus dem Inhalt:
Entwicklung individueller
Kreativität; Kreativität und
Innovation in Teams; Steuerung der Innovationsprozesse
in Unternehmen; Wegwei-
sende Innovationen.

Edith Stork
Logistik im Büro
Unordnung kostet Geld.
117 S. Zahlr. Abb. Pappband.
ISBN 3-407-36333-8

Verschwenden Sie ab sofort
keine Zeit mehr mit unnützem
Suchen! Mit Edith Stork optimieren Sie Ihr Ablagesystem
so, dass Sie alle Schriftstücke
sofort zur Hand haben. Auch
andere Mitarbeiter finden
umgehend die gesuchten
Dokumente. Denn bei allen
herrscht die gleiche Ordnung.
Das andere Chaos, das krea-
tive, das produktive, bleibt
Ihnen dort erhalten, wo Sie es
für Ihre Interessen und Ihre
Visionen brauchen. Und dafür
haben Sie dann mehr Zeit.

»Dieser Leitfaden verhilft
Ihnen zu einer optimalen
Büroorganisation.«
bsb aktuell

Aus dem Inhalt:
Teamfähigkeit der Ablage;
Kostenminimierung; Ver-
antwortung für Büroräume;
Zeit erwirtschaften.

Regina Mahlmann
Konflikte managen
Psychologische Grundlagen,
Modelle und Fallstudien.
204 S. Pappband.
ISBN 3-407-36359-1

Konflikten sind wir taglich
ausgesetzt: Entscheidungen
stehen an, im Team herrscht
Unmut, der Chef ist anderer
Meinung. Ausweichen ändert
nichts. Innere, zwischen-
menschliche und soziale
Konflikte lauern überall!
Konfliktfähigkeit ist eine
Kunst, die Sie lernen können.
Wird sie beherrscht, lassen
sich viele Konfliktherde
frühzeitig erkennen und
Turbulenzen meistern. Die
Autorin liefert das Hand-
werkszeug: Sie beschreibt
die Ursachen von Konflikten,
den möglichen Verlauf sowie
die konstruktive Handhabung.

Aus dem Inhalt:
Voraussetzungen für Kon-
fliktfähigkeit; Innere Kon-
flikte; Zwischenmenschliche
Konflikte; Soziale Konflikte;
Fallstudien.

Martin Hartmann / Rüdiger
Funk / Horst Nietmann
Präsentieren
Präsentationen: Zielgerichtet
und adressatenorientiert.
151 S. Gebunden.
ISBN 3-407-36370-2

»Wer eine ›Dramaturgie der
Präsentation‹ sucht, wird hier
fündig! In der Verschränkung
von Ziel, Inhalt und Methode
ist dieses Buch Spitzenklasse,
immer wieder mit Gewinn zu
Rate zu ziehen.«
W. Beywl, CONTRASTE

»Das Buch ist klar und übersichtlich aufgebaut und führt
schrittweise durch die Phasen
der Vorbereitung und Durchführung von Präsentationen.
(...) Eine gelungene Lektüre,
die die praktische Erfahrung
der Autoren wiederspiegelt.«
Der deutsche Berufsausbilder

Aus dem Inhalt:
Vorbereitung, Aufbau und
Durchführung der Präsenta-
tion; Fragen und Diskussion;
Visualisierung und Einsatz
von Medien; Checkliste.

Belz Verlag • Postfach 100154 • 69441 Weinheim • www.beltz.de